HERMANOS Y CONSTRUCTORES

Joseph Fort Newton

HERMANOS
Y CONSTRUCTORES

MASONICA

Joseph Fort Newton

HERMANOS
Y CONSTRUCTORES

La base y el espíritu
de la masonería

MASONICA
Ediciones del Arte Real

HERMANOS Y CONSTRUCTORES
La base y el espíritu de la masonería
Joseph Fort Newton

Título original:
Brothers And Builders
The Basis and Spirit of Freemasonry

Traducción:
Ignacio Méndez-Trelles Díaz

Diseño y maquetación:
EЯA | ALTA RESOLUCIÓN EDITORIAL

MASONICA®
www.masonica.es
SERIE AZUL (Textos históricos y clásicos)

© 2025 EDITORIAL MASONICA

ENTREACACIAS, SL
[Sociedad Editora]
Covadonga, 8
33002 Oviedo – Asturias (España)
info@masonica.es

Primera edición: octubre, 2025

ISBN: 979-13-87560-59-1
Depósito Legal: AS 00512-2025

Impreso por Podiprint
Impreso en España y América Latina

«La masonería edifica hombres,
y luego hace de ellos Hermanos
y Constructores».

Joseph Fort Newton

ÍNDICE

INTRODUCCIÓN

por Ignacio Méndez-Trelles Díaz

JOSEPH FORT NEWTON (1880-1950) fue uno de los grandes divulgadores de la masonería en el mundo anglosajón y, al mismo tiempo, un predicador y ensayista de enorme prestigio en el protestantismo norteamericano y británico de la primera mitad del siglo XX. Nacido en Decatur, Texas, se formó en seminarios baptistas y cursó estudios en Harvard, donde tuvo ocasión de escuchar al filósofo William James. Desde muy joven mostró dotes extraordinarias para la oratoria y la escritura, y esa combinación lo convirtió en una figura respetada tanto en los púlpitos religiosos como en los foros masónicos. Ordenado pastor bautista, ejerció también en comunidades universalistas y, finalmente, en 1926, fue recibido como sacerdote en la Iglesia Episcopal, lo que demuestra el talante ecuménico y abierto que caracterizó toda su vida.

Su prestigio pastoral se consolidó de manera definitiva entre 1916 y 1919, cuando fue pastor del City Temple de Londres, en plena Gran Guerra. Sus sermones y escritos circularon ampliamente en ambos lados del Atlántico, llevando palabras de consuelo y esperanza a un mundo desgarrado por la violencia. Más tarde ejerció como rector en diversas parroquias de Filadelfia, donde murió en 1950. Al mismo tiempo, desarrolló una prolífica carrera como autor: más de treinta libros de sermones, ensayos y textos masónicos, siempre escritos en un estilo claro, solemne y profundamente humano.

La otra vertiente de su vida fue la masónica. Iniciado en 1902, llegó a ser Gran Capellán de la Gran Logia de Iowa y Gran Prelado en la Caballería Templaria. Su pasión por la Orden se tradujo en una serie de obras que aún hoy forman parte del canon masónico. La más conocida, *The Builders*[1] (1915), es un recorrido histórico y filosófico que fue saludado como un clásico inmediato. Allí Newton mostraba su capacidad para combinar erudición accesible, simbolismo inspirador y un profundo sentido religioso de la vida. Sin embargo, poco después quiso ofrecer algo distinto: no un tratado histórico ni una enciclopedia doctrinal, sino un libro breve, meditativo y devo-

---

[1] Publicada en MASONICA con el título *Los Arquitectos,* 2024 (258 páginas), ISBN: 978-84-19985-86-6.

cional. Así nació *Brothers and Builders: The Basis and Spirit of Freemasonry*, traducido al castellano como *Hermanos y constructores - La base y el espíritu de la masonería*, y editado aquí en español por primera vez.

Este libro reúne un ciclo de ocho ensayos o charlas que Newton pronunció y escribió con fines pedagógicos y espirituales. Se articulan en torno a símbolos y pasajes rituales: el Altar, la Biblia Sagrada, la Escuadra, el Compás, el Nivel y la Plomada, la Obra Maestra, el Rito de la Indigencia y la Posada del Fin de Año. Cada uno de ellos se convierte en una meditación moral y espiritual que trasciende la descripción del símbolo para proponer una forma de vida. Newton no se limita a explicar qué significa un emblema; busca mostrar cómo ese emblema puede transformar la existencia del masón y orientarlo hacia la fraternidad, la caridad y la integridad.

El altar, por ejemplo, no es un simple mueble de logia, sino el recordatorio de que toda vida humana se vive ante lo sagrado. La Biblia, junto con la escuadra y el compás, es una de las «Grandes Luces» desde 1717, y simboliza la unión de la fe y la moralidad. La escuadra enseña la rectitud de conducta; el compás, la medida de los actos y la aspiración hacia lo alto; el nivel, la igualdad fundamental de los hombres; la plomada, la verticalidad del carácter. El capítulo dedicado a la «obra maestra» es especialmente revelador: en la masonería operativa, el aprendiz debía presentar su pieza de trabajo para ser admitido como Maestro. Newton transforma esta costumbre en parábola de la vida: la verdadera obra maestra de cada hombre es su carácter, tallado día a día con actos, pensamientos y aspiraciones, hasta convertirse en la ofrenda más noble que puede presentarse al Gran Maestro.

El llamado «Rito de la Indigencia» –a menudo traducido erróneamente como «rito de la destitución»– constituye otra lección magistral. En él, el candidato es privado de todo bien material, experimentando así lo que significa la indigencia y aprendiendo en carne propia la Regla de Oro: socorrer al hermano necesitado, especialmente a «los pobres y afligidos masones dignos, sus viudas y huérfanos». Newton aprovecha para distinguir entre la verdadera caridad y la mera limosna: no basta con dar dinero, hay que darse a uno mismo, estar presente, acompañar, consolar. El amor fraternal es más que filantropía: es comunión de vida.

El último capítulo, «La Posada del Fin de Año», es quizá el más poético. Allí Newton evoca la vida como un viaje en el que somos peregrinos, y recuerda que no podemos cargar con todo. El hombre debe aprender a discernir lo esencial de lo superfluo: quedarse con la fe, la esperanza, el amor y el valor, y dejar atrás odios, rencores y equipaje inútil. El odio es la mayor necedad; la fraternidad, el mayor tesoro. En esa posada simbólica que marca el paso del tiempo, Newton invita a examinar la vida y a simplificarla, reconociendo que al final lo único que importa es haber amado, servido y mirado hacia Dios con un corazón limpio.

El estilo de Newton combina el ritmo del sermón protestante con la claridad del ensayo moral. Se apoya en citas bíblicas –los Salmos, los Profetas, san Pablo–, en poetas y filósofos, y en referencias a la tradición masónica operativa y especulativa. Su lenguaje es accesible pero solemne, lleno de imágenes que iluminan sin necesidad de tecnicismos. Por eso sus textos fueron y siguen siendo usados en logias como lecturas de instrucción: porque no buscan solo informar, sino inspirar y conmover.

La recepción de *Hermanos y constructores* ha sido constante a lo largo de más de un siglo. Aunque más breve que *The Builders,* se convirtió en un libro imprescindible para la formación moral y espiritual de los masones anglosajones. Ha sido traducido, reeditado y difundido en múltiples contextos, y aún hoy circula en librerías y repositorios digitales. Su éxito se explica porque toca lo esencial: la masonería no es solo un sistema de símbolos o de grados, sino un camino de construcción personal y fraternal.

Ahora bien, ¿qué significa leer a Newton en el siglo XXI? ¿Qué puede decirnos hoy un predicador de hace un siglo a quienes habitamos un mundo secularizado, fragmentado y marcado por la prisa? Quizá más de lo que parece. En una sociedad donde los valores parecen diluirse en la velocidad de la información y la superficialidad de las redes, Newton recuerda que el verdadero «trabajo» del hombre es su carácter. En tiempos en que abunda el individualismo y escasea la fraternidad, insiste en que «nadie vive para sí mismo, nadie muere para sí mismo», y que la vida solo tiene sentido en comunidad. Ante el predominio de la técnica y el consumo, su alegoría de la «obra maestra» resuena como un llamado a recuperar la dignidad de la vida interior. Y frente a la tentación de medirlo todo en dinero, su defensa de la caridad como entrega personal es una denuncia profética de una sociedad que confunde la generosidad con la transferencia bancaria.

La vigencia de *Hermanos y constructores* está, pues, en su capacidad de recordarnos lo esencial. La masonería, nos dice Newton, «no inventó nada»: simplemente tomó los símbolos de la vida –el altar, la escuadra, el compás, la plomada, el viaje, la posada– y los convirtió en parábolas de fraternidad, amor y verdad. Esa sencillez simbólica es lo que hace de este libro una obra siempre nueva, porque cualquiera puede reconocer en esos emblemas las preguntas fundamentales: ¿qué estoy construyendo con mi vida?, ¿cómo trato a mis semejantes?, ¿qué dejaré tras de mí cuando llegue a la posada del fin del año?

Por eso, leer hoy *Hermanos y constructores* no es un ejercicio de arqueología literaria, sino una invitación actualísima. Nos recuerda que la masonería, en su mejor versión, no es un secreto hermético, sino una escuela de carácter; no es un refugio elitista, sino un taller de fraternidad; no es un ritual vacío, sino una parábola viva de lo que significa ser hombre. Como escribió el propio Newton, la Orden busca «edificar hombres y luego hacer de ellos Hermanos y Constructores». Ese sigue siendo, más de un siglo después, el desafío y la promesa de este libro.

LOS CIMIENTOS

LA BASE DE la masonería es una fe que no puede ser demostrada ni refutada: fe en Dios, el sabio Gran Constructor, por cuya gracia vivimos y cuya voluntad debemos aprender y obedecer. Sobre esta base edifica la masonería, excavando profundamente en las realidades de la vida, usando grandes y sencillos símbolos para custodiar una Verdad demasiado vasta para ser expresada en palabras, procurando exaltar al hombre, purificar y refinar su vida, ennoblecer sus esperanzas; en suma, edificar hombres y luego hacer de ellos Hermanos y Constructores.

No hay necesidad –más aún, sería inútil– de argumentar en favor de esta fe profunda y simple, porque toda visión de la vida que tenga valor jamás se sostiene, y menos aún se asegura, por medio de debates. Pues aunque Dios, nombre que damos al misterio y sentido de la vida, pueda revelarse en la experiencia, no puede ser expresado, y en un conflicto de palabras fácilmente perdemos el sentido del Dios inefable, el Hacedor del cielo y de la tierra y de todo lo que en ellos existe, ante quien el silencio es sabiduría y el asombro se convierte en adoración. Basta con apelar al sentido natural e incorrupto de la humanidad, a su recta razón, a su intuición moral, a su instinto espiritual. Mucho antes de que naciera la lógica, el hombre, al contemplar los ríos, las colinas y el lejano horizonte, y las silenciosas profundidades del cielo nocturno, sabía que había Algo aquí antes de que él estuviera; Algo que permanecerá aquí cuando él se haya ido.

Felizmente, no nos enfrentamos a un universo que burla nuestra inteligencia y aspiración, y un sistema de cosas que puede ser interpretado, hasta donde alcanzan nuestras mentes, debe ser en sí mismo expresión y encarnación de la Mente. Lo que es igualmente maravilloso y terrible, confiriendo divinidad a nuestro polvo, es que la Mente que hay dentro y detrás de todo el variado prodigio del mundo es afín a la nuestra, puesto que el mundo es a la vez inteligible para nuestro pensamiento y responde a él: un misterio, no un enigma.

Y, si una puerta cede a nuestra indagación, y otra se abre a nuestro llamado, y otra y otra más, solo se requiere cierto arrojo del espíritu –es decir, Fe– para creer que, si no aún por nosotros, entonces por quienes vengan después de nosotros, o acaso por nosotros mismos en algún estado de existencia en el cual ya no estemos limitados por las debilidades de la mortalidad ni oscurecidos por las ilusiones del tiempo, la mente del hombre se hallará en su hogar y sin temor en el universo de Dios, como hijo y ciudadano de una Ciudad que tiene cimientos.

I

¿Qué significa ahora, precisamente, esta fe profunda para nosotros aquí? Obviamente, significa que estamos aquí en el mundo para hacer algo, para construir algo, para ser algo –no simplemente para pasar el tiempo o gastar zapatos– y lo que hacemos y construimos debe expresar y perpetuar nuestra personalidad, nuestro carácter. Hay un tipo de inmortalidad que deberíamos ganarnos en el mundo, añadiendo algo de valor al mundo, construyéndonos a nosotros mismos de tal modo en el orden de las cosas que, sea cual sea la inmortalidad que este mundo pueda tener, nuestra vida y nuestro trabajo participen de ella. Una vez, en el sur de Inglaterra, oí un pequeño poema que me pareció que contenía en un poco de filosofía final; no era un gran poema, pero decía una gran verdad:

El buen Señor hizo la tierra y el cielo,
los ríos y el mar, y a mí;
no hizo caminos;
pero aquí estoy, tan feliz como se puede estar.
Es como si Él me hubiera dicho:
«Juan, ese es el trabajo para ti».

La idea de la rima es que, en un sentido muy real, Dios no ha completado nada; no porque no tenga el poder o la voluntad de hacerlo, sino por una especie de respeto hacia los hombres, por así decirlo, ofreciéndonos una participación en Su obra creadora. No hace carreteras, no construye casas. Es cierto que nos proporciona el material; nos suministra cimientos firmes –y modelos de toda forma de belleza–, pero el camino y la casa deben ser obra del hombre. Nuestro buen y sabio poeta, Edwin Markham, tenía razón cuando escribió:

Nosotros, hombres de la tierra,
tenemos aquí la materia
del Paraíso: ¡tenemos bastante!
No necesitamos otra cosa para erigir
las gradas hacia lo Inconmensurable;
ningún otro marfil para las puertas,
ningún otro mármol para los suelos,
ningún otro cedro para la viga
y la cúpula del sueño inmortal del hombre.

Aquí, en los senderos de cada día,
aquí, en el común camino humano,
está todo lo que los dioses afanados tomarían
para edificar un cielo, para modelar y crear
nuevos Edénes. Nuestra es la materia sublime
para edificar la Eternidad en el tiempo.

No solo estamos aquí en el mundo para edificar algo, sino que estamos aquí para edificar sobre la Voluntad de Dios, en obediencia a Su propósito y designio. La verdad de una voluntad dentro y detrás de todas las cosas tiene demasiado poco lugar en nuestras vidas; de ahí nuestra impaciencia, nuestro desasosiego y nuestro sentimiento de futilidad. Y, sin embargo, esta verdad de la Voluntad de Dios como última instancia ha sido la fortaleza y el consuelo del hombre en todos sus grandes días. El primer hecho de la experiencia, si no la última verdad de la filosofía, es que el mundo posee una mente propia, que llamamos la voluntad y el propósito de Dios. Es manifiesto que el único hombre que construye rectamente es aquel que edifica teniendo debidamente en cuenta las leyes, fuerzas y condiciones del mundo en el que vive.

Ninguno de nosotros confiaría en una casa construida al azar y sin cuidado. Exigimos a un muro que haya sido erigido con respeto al centro de gravedad de esta tierra y a la posición de la estrella polar. Nuestra obra, si ha de tener algún valor, debe estar en armonía con la naturaleza de las cosas; y esto es igualmente verdadero cuando pensamos en la Casa del Espíritu, no hecha con manos, pero que, no obstante, estamos llamados a edificar en medio de los años. También aquí edificamos sabiamente solo cuando lo hacemos en armonía con la Voluntad de Dios tal como la creemos y la vemos. Toda la historia refuerza la verdad de que existe una Voluntad, santa e inexorable, que al final pronuncia juicio sobre nuestras empresas humanas. Los hombres no hacen las leyes; las descubren. La fe en Dios nos aconseja, nos advierte, que tengamos en cuenta las revelaciones de la Voluntad moral, tanto como de la física, de Dios, so pena de que nuestro más orgulloso edificio se derrumbe en ruinas.

Por tanto, estamos en el mundo para edificar sobre la Voluntad de Dios con la ayuda de Dios, invocando Su auxilio con palabras de oración y adoración, pero también en nuestros esfuerzos y actos de obediencia, y mostrándonos dignos de esa ayuda, y reteniéndola, al permanecer en medio de ella con humilde fidelidad. Un hombre sabio, especialmente un Masón –si conoce su arte– se reprenderá a sí mismo y se recordará volver de cualquier extravío pasajero o descuido prolongado, no sea que vaya demasiado lejos. He aquí un asunto que incluso los mejores de nosotros olvidamos con demasiada frecuencia. Dios no desea más que vivamos sin Su ayuda que lo que desea que vivamos sin aire. Él es el aliento de nuestro espíritu. Con razón se ha dicho que la verdad última sobre el hombre no es que, en lo más hondo, esté solo; sino que, en lo profundo, se halla cara a cara con Dios.

Hace mucho tiempo se dijo: «Si el Señor no edificare la casa, en vano trabajan los que la edifican». Lo que el salmista quiere decir es que las grandes cosas del mundo no son realizadas por el hombre, ni por sus ansiedades ni por sus ingenios. Con esas facultades menores –con astucia, con destreza– podemos lograr cosas pequeñas y pasajeras. La verdad es, más bien, que las cosas grandes y duraderas se cumplen –no, ciertamente, sin nosotros, y sin embargo no del todo como resultado de nuestros esfuerzos– por medio de Alguien más sabio que nosotros, por quien somos empleados en la consumación de un designio más vasto de lo que hemos planeado y más noble de lo que hemos soñado. Aquellos de nuestra raza que han producido las obras más bellas y perdurables confiesan haber sido usados por una Mano y una Voluntad distintas de las suyas, como si hubieran sido arrebatados al ritmo de «una vida inmensa que se mueve y no puede morir».

Aquí no hay una simple abstracción ni una irreal perogrullada, sino una verdad, un hecho, una fuente a la cual podemos aplicar una prueba diaria, y a la que necesitamos invocar si queremos afrontar las dificultades y aprietos —sí, incluso las tragedias— de estos nuestros días y años. Aun los más fuertes entre nosotros necesitamos tal recurso para poder enfrentar mejor las cuestiones del presente, así como los problemas y misterios más vastos que se extienden en todos los horizontes de nuestra vida.

II

Tal es el fundamento de la masonería, y la fe por la cual nos hace constructores sobre la Voluntad de Dios y con Su ayuda, y hermanos los unos de los otros. Sobre este fundamento se erige una elaborada alegoría de la vida humana en todos sus variados aspectos: la Logia como símbolo del mundo en el que el hombre vive, se mueve y sale a su labor; la iniciación como nuestro nacimiento en un mundo en el que hemos de aprender moralidad y caridad; si se nos considera dignos, el paso de la juventud a la madurez, con su conocimiento más amplio y sus mayores responsabilidades; y finalmente, si tenemos integridad y valor, el descubrimiento de que somos ciudadanos de la Eternidad en el tiempo: un mundo ideal gobernado por el amor, la sabiduría, la fuerza y la belleza. Es un gran día para un joven cuando la masonería le revela su significado, desvelando su plan de vida, su propósito y su profecía de un Templo de Hermandad.

Un gran masón de Escocia, que recientemente ascendió antes que nosotros a trabajar en la cúpula del Templo, nos dejó un legado de inspiración e instrucción en un libro que es a la vez mentor y memorial: *Masonería especulativa*, de A. S. MacBride, Logia Progress, Glasgow. Aún hoy es un clásico de nuestra literatura, una luz para guiar a sus Hermanos hacia la verdad después de que haya desaparecido de entre nosotros. El libro es sabio más que ingenioso, bello más que brillante; pero difícilmente hay una página que no ofrezca alguna intuición que ilumine, algún epigrama que persista en la mente. La belleza del libro está entretejida, no es decorativa; reside en la estructura de su pensamiento aún más que en el giro de sus frases, y todavía más en su espíritu, en el que la visión espiritual y la sabiduría práctica se hallan unidas. Hay pasajes de singular nobleza, como testimonio este sobre el gran Landmark:

¿Por qué está aquí la masonería, en este mundo de egoísmo y conflicto? ¿Por qué se ha desarrollado, en medio de guerras e incesante lucha, siguiendo las líneas de la paz y el amor; y tan maravillosamente moldeada y desarrollada que en toda tierra es ahora conocida y por toda raza acogida? ¿Se ha hecho todo esto para que viva para sí misma solamente? No, allí, en su Trazado, está el Plan del Gran Arquitecto, y su misión es llevar a cabo ese plan. De las duras y ásperas canteras de una humanidad que riñe, debe edificar un Templo de Hermandad y Paz. Este Templo es el gran Landmark: el ideal más alto y grandioso de la masonería. Para edificarlo, fortalecerlo y embellecerlo, debemos recurrir a todas las artes y ciencias, aplicar cada recurso que la civilización y el progreso puedan darnos, y ejercitar todos los poderes y dones con que hemos sido dotados.

¿Qué obra más noble podemos emprender, Hermanos? Y, sin embargo, cuán lejos estamos, por lo general, de comprenderlo. Parecemos andar a tientas en la oscuridad. Mas es la ignorancia más que la falta de voluntad lo que impide el trabajo. Como el ingenioso artífice en la construcción del Templo de Jerusalén, parecemos carecer de plan e instrucción, cuando en realidad nuestro plan e instrucción yacen en la propia obra. Entonces, como él, algún día tendremos nuestra recompensa y exclamaremos con gratitud: Gracias a Dios, he señalado bien.

CAPÍTULO I

EL ALTAR

UNA LOGIA ES un símbolo del mundo tal y como se pensaba que era en la antigüedad. Nuestros antiguos Hermanos tuvieron una profunda percepción cuando vieron que el mundo es un Templo, cubierto por un dosel estrellado por la noche, iluminado por el sol viajero durante el día, donde el hombre sale a su labor en un tablero de ajedrez de luces y sombras, alegrías y penas, tratando de reproducir en la tierra la ley y el orden del cielo. El mundo visible no era más que una imagen o reflejo del invisible, y en su centro se encontraba el Altar del sacrificio, la obligación y la adoración.

Aunque tenemos una visión del mundo muy distinta de la que tenían nuestros antiguos hermanos –sabiendo que es redondo, y no plano y cuadrado–, su percepción sigue siendo cierta. Su idea era que el hombre, si ha de construir una Casa de Fe o un orden de Sociedad que haya de perdurar, debe imitar las leyes y principios del mundo en el que vive. Ese es también nuestro sueño y nuestro designio; su amor ennoblece nuestras vidas; es nuestra labor y nuestro culto. Para cumplirlo, nosotros también necesitamos sabiduría y ayuda de lo alto; y así, en el centro de nuestra Logia se alza el mismo Altar –más antiguo que todos los templos, tan antiguo como la vida misma–, un foco de fe y confraternidad, a la vez símbolo y santuario de ese elemento invisible del pensamiento y el anhelo del que todos los hombres son conscientes y que nadie puede definir.

En esta tierra no hay nada más impresionante que el silencio de una compañía de seres humanos inclinados juntos ante un altar. Ningún hombre reflexivo ha dejado de meditar alguna vez sobre el significado de este gran hábito de adoración de la humanidad, y su maravilla se profundiza cuanto más lo medita. El instinto que reúne así a los hombres en la oración es el extraño poder que ha unido las piedras de las grandes catedrales, donde se encarna el misterio de Dios. Por lo que sabemos, el hombre es el único ser de nuestro planeta que se detiene a rezar , y la maravilla de su adoración nos dice más sobre él que cualquier otro hecho. Por alguna necesidad profunda de su naturaleza es un buscador de Dios, y en momentos de tristeza o añoranza, en horas de tragedia o terror, deja a un lado sus herramientas y mira hacia el lejano horizonte.

La historia del Altar en la vida del hombre es una historia más fascinante que cualquier ficción. Cualquier otra cosa que el hombre haya podido ser –cruel, tirano o vengativo– el registro de su larga búsqueda de Dios es suficiente para demostrar que no es totalmente vil, ni del todo un animal. Ritos horribles, y a menudo sangrientos, pueden haber formado parte de su ritual primitivo, pero si la historia de épocas pasadas no nos hubiera dejado más que el recuerdo de una raza en oración, nos habría dejado ricos. Y así, siguiendo la buena costumbre de los hombres que fueron de antaño, levantamos un Altar en la Logia, alzando las manos en oración, movidos a ello por la antigua necesidad y aspiración de nuestra humanidad. Al igual que los hombres que caminaron en los años grises de antaño, nuestra necesidad es que el Dios vivo santifique estos nuestros días y años, incluso hasta el último suspiro inefable de regreso al hogar que los hombres llaman muerte.

El Altar más antiguo era una piedra tosca y sin labrar, como la piedra que Jacob levantó en Betel cuando su sueño de una escalera, por la que ascendían y descendían ángeles, convirtió su lecho solitario en una casa de Dios y una puerta del cielo. Más tarde, cuando la fe se hizo más refinada y la idea del sacrificio creció en significado, el Altar se construyó de piedra labrada –de forma cúbica– cortada, tallada y a menudo bellamente labrada, sobre la que los hombres prodigaron joyas y regalos de valor incalculable, no considerando nada demasiado costoso para adornar el lugar de oración. Más tarde aún, cuando los hombres erigieron un Templo dedicado y adornado como la Casa de Dios entre los hombres, había dos altares, uno de sacrificios y otro de incienso. El altar del sacrificio, donde se ofrecían las bestias sacrificadas, estaba delante del Templo; el altar del incienso, en el que ardía la fragancia del culto, estaba dentro. Detrás de todos estaba el Lugar Santo, muy retirado, en el que sólo podía entrar el sumo sacerdote.

Hasta donde podemos remontarnos, el Altar era el centro de la Sociedad humana, y un objeto de peculiar santidad en virtud de esa ley de asociación por la que se consagran los lugares y las cosas. Era un lugar de refugio para los perseguidos o los atormentados – criminales o esclavos – y alejarlos de él mediante la violencia se consideraba un acto de sacrilegio, ya que estaban bajo la protección de Dios. En el Altar se solemnizaban los ritos matrimoniales, y los tratados celebrados o los votos hechos en su presencia eran más sagrados y vinculantes que si se hacían en otro lugar, porque allí el hombre invocaba a

Dios como testigo. En todas las religiones de la antigüedad, y especialmente entre los pueblos que adoraban la Luz, era costumbre tanto de los sacerdotes como del pueblo pasar alrededor del Altar, siguiendo el curso del sol –desde el Este, pasando por el Sur, hasta el Oeste– cantando himnos de alabanza como parte de su culto.

Su ritual era así una imagen alegórica de la verdad que subyace a toda religión: que el hombre debe vivir en la tierra en armonía con el ritmo y el movimiento del cielo.

A partir de hechos e indicios como éstos empezamos a ver el significado del Altar en la masonería, y la razón de su posición en la Logia. En las logias inglesas, al igual que en los ritos Francés y Escocés, se sitúa delante del Maestro, en el Oriente. En el Rito York, así llamado, se sitúa en el centro de la Logia –más propiamente un poco al Este del centro– en torno al cual giran todas las actividades masónicas. No es simplemente un mueble necesario, una especie de mesa destinada a sostener la Santa Biblia, la Escuadra y el Compás. Tanto por su existencia como por su situación identifica a la masonería como una institución religiosa, y sin embargo sus usos no son exactamente los mismos que los oficios de un Altar en una catedral o un santuario. He aquí un hecho que a menudo se pasa por alto, y deberíamos tenerlo claro en nuestras mentes.

La posición del Altar en la Logia no es accidental, sino profundamente significativa. Porque, aunque la masonería no es una religión, es religiosa en su fe y principios básicos, no menos que en su espíritu y propósito. Y, sin embargo, no es una Iglesia. Tampoco intenta hacer lo que la Iglesia intenta hacer. Si fuera una Iglesia su Altar estaría en Oriente y su ritual se alteraría en consecuencia. Es decir, la masonería no es una religión, y mucho menos una secta, sino un culto en el que todos los hombres pueden unirse, porque no se compromete a explicar, ni a resolver dogmáticamente en detalle, aquellas cuestiones por las que los hombres están divididos.

No va más allá de los hechos primarios y fundamentales de la fe. Con la filosofía de esos hechos, y las diferencias y disputas que surgen de ellos, no tiene que ver. En resumen, la posición del Altar en la Logia es un símbolo de lo que la masonería cree que el Altar debe ser en la vida real, un centro de unión y compañerismo, y no una causa de división, como ocurre ahora con tanta frecuencia. No busca la uniformidad de opiniones, pero sí la fraternidad de espíritu, dejando a cada uno la libertad de forjar su propia filosofía de la verdad última. Como podemos leer en las Constituciones de 1723:

> Un masón está obligado, por su tenencia, a obedecer la Ley moral; y si entiende correctamente el Arte, nunca

será un ateo estúpido, ni un libertino irreligioso. Pero aunque en la antigüedad se les exigía a los masones de cada país que fueran de la religión de ese país o nación, cualquiera que fuera, ahora se piensa que es más conveniente sólo obligarlos a esa religión en la que todos los hombres están de acuerdo, dejando sus opiniones particulares para ellos mismos; es decir, ser hombres buenos y verdaderos, u hombres de honor y honestidad, cualquiera que sea la denominación o persuasión por la que se distingan; por lo que la masonería se convierte en el centro de unión y el medio de conciliar la verdadera amistad entre personas que debieron permanecer a una distancia perpetua.

Sin duda son palabras memorables, una Carta Magna de la amistad y la fraternidad. La masonería va de la mano con la religión hasta que la religión entra en el campo de la disputa sectaria, y ahí se detiene; porque la masonería busca unir a los hombres, no dividirlos. He aquí, pues, el significado del Altar masónico y su posición en la Logia. Es, en primer lugar, un Altar de Fe, la fe profunda y eterna que subyace a todos los credos y sobrepasa todas las sectas; fe en Dios, en la ley moral y en la vida eterna. La fe en Dios es la piedra angular y la clave de la masonería. Es la primera verdad y la última, la verdad que hace verdaderas todas las demás verdades, sin la cual la vida es un enigma y la fraternidad una futilidad. Porque, aparte de Dios Padre, nuestro sueño de la Fraternidad del Hombre es tan vano como todas las cosas vanas proclamadas por Salomón, una ficción que no tiene base ni esperanza en los hechos.

Al mismo tiempo, el Altar de la masonería es un Altar de Libertad, no libertad de la fe, sino libertad de la fe.

No va más allá del hecho de la realidad de Dios, permitiendo a cada hombre pensar en Dios según su experiencia de la vida y su visión de la verdad. No define a Dios, ni mucho menos determina dogmáticamente cómo y qué deben pensar o creer los hombres acerca de Dios. Ahí comienzan las disputas y las divisiones. De hecho, la masonería no es especulativa en absoluto, sino operativa, o más bien cooperativa. Aunque toda su enseñanza implica la capucha del Padre de Dios, su ritual no afirma realmente esa verdad, y menos aún la convierte en una prueba de confraternidad. Detrás de este silencio se esconde una razón profunda y sabia. Sólo mediante la práctica de la fraternidad los hombres se dan cuenta de la Paternidad Divina, como ha escrito un poeta de corazón verdadero:

Ningún hombre pudo decirme lo que mi alma podría ser;
busqué a Dios, y Él se me ocultó;
busqué a mi Hermano, y hallé a los tres.

Escuche un hecho más, y el significado del Altar masónico será claro. A menudo uno entra en una gran Iglesia, como la Abadía de Westminster, y la encuentra vacía, o sólo unas pocas personas en los bancos aquí y allá, rezando o en profundo pensamiento. Están sentados en silencio, cada uno sin referencia a los demás, buscando una oportunidad para que el alma esté sola, se comunique con misterios más grandes que ella misma y encuentre curación para las magulladuras de la vida. Pero nadie acude nunca solo a un altar masónico. Nadie se inclina ante él en absoluto excepto cuando la Logia está abierta y en presencia de sus Hermanos. Es un Altar de Compañerismo, como para enseñarnos que ningún hombre puede aprender la verdad por otro, y ningún hombre puede aprenderla solo. La masonería reúne a los hombres en el respeto mutuo, la simpa tía y la buena voluntad, para que podamos aprender en el amor la verdad que se oculta con la apatía y se pierde con el odio.

Por lo demás, no olvidemos nunca –lo que tan a menudo y tan tristemente se ha olvidado– que el Altar más sagrado de la tierra es el alma del hombre –su alma y la mía–; y que el Templo y su ritual no son fines en sí mismos, sino bellos medios para que cada corazón humano sea un santuario de fe, un santuario de amor, un altar de pureza, piedad y esperanza inconquistable.

CAPÍTULO II

LA SANTA BIBLIA

SOBRE EL ALTAR de toda Logia, sosteniendo la Escuadra y el Compás, descansa la Santa Biblia. El viejo y familiar Libro, tan amado por tantas generaciones, es nuestro Volumen de Ley Sagrada y una Gran Luz en la masonería. La Biblia se abre cuando la Logia se abre; se cierra cuando la Logia se cierra. Ninguna Logia puede tramitar sus propios asuntos, y mucho menos iniciar candidatos en sus misterios, a menos que el Libro de la Ley Sagrada yazca abierto sobre su Altar. Así, el libro de la Voluntad de Dios rige a la Logia en sus labores, como el Sol rige el día, haciendo de su trabajo un culto.

La historia de la Biblia en la vida y el simbolismo de la masonería es una historia demasiado larga para recitarla aquí. Tampoco puede nadie contarla como nos gustaría conocerla. Nadie puede decir cuándo, dónde y quién introdujo las enseñanzas y las imágenes de la Biblia en la masonería. Cualquiera puede tener su teoría, pero nadie puede ser dogmático. Dado que el Arte trabajó al servicio de la Iglesia durante el periodo de construcción de catedrales, no es difícil explicar el tinte bíblico de su pensamiento, incluso en los días en que la Biblia no se distribuía ampliamente, y antes del descubrimiento de la imprenta.

De todos modos, podemos tomar los hechos que seamos capaces de encontrar, dejando la investigación para conocer más verdades.

La Biblia se menciona en algunos de los antiguos manuscritos del Arte mucho antes del renacimiento de la masonería en 1717, como el libro sobre el que se hacía el pacto, o juramento, de un masón; pero no se hace referencia a ella como una Gran Luz. Por ejemplo, en el *Manuscrito Harleiano*, fechado hacia 1600, la obligación de un iniciado se cierra con las palabras: «Así me ayude Dios, y el santo contenido de este Libro». En el antiguo ritual, del que Krause ofrece una copia procedente de la Biblioteca Real de Berlín, no se menciona la Biblia como una de las Luces. Fue en Inglaterra, debido en gran parte a la influencia de Preston y sus compañeros, donde la Biblia alcanzó su lugar de honor en la Logia. En cualquier caso, en los rituales de alrededor de 1760 se la describe como una de las tres Grandes Luces.

Ningún masón necesita que le digan el gran lugar que ocupa la Biblia en la masonería de nuestros días. Es central, soberana, suprema, una luz maestra de todo lo que vemos. Desde el Altar derrama sobre el Este, el Oeste y el Sur su luz blanca de visión espiritual, ley moral y esperanza inmortal. Casi todos los nombres que aparecen en nuestras ceremonias son nombres bíblicos, y los estudiosos han rastreado unas setenta y cinco referencias a la Biblia en el ritual del Arte. Pero más importante que las referencias directas es el hecho de que el espíritu de la Biblia, su fe, su actitud ante la vida, impregna la masonería, como un ritmo o una fragancia. En cuanto un iniciado entra en la Logia, oye recitar las palabras de la Biblia como acompañamiento de su avance hacia la luz. Sobre la Biblia cada masón hace votos solemnes de lealtad, de castidad y de caridad, comprometiéndose a la práctica de la vida fraternal. Luego, a medida que avanza de un grado a otro, la imaginería de la Biblia se vuelve familiar y elocuente, y su música se abre camino cantando hasta su corazón.

Tampoco es extraño que sea así. Como la fe en Dios es la piedra angular de la Tradición, naturalmente, el libro que nos dice la verdad más pura sobre Dios es la luz de su altar. El Templo del Rey Salomón, sobre el que se tejen la historia, las leyendas y el simbolismo del Oficio, fue el templo más alto del mundo antiguo, no por la grandeza de su arquitectura, sino por la grandeza de las verdades que defendía. En medio de idolatrías ignorantes y supersticiones degradantes, el Templo del Monte Moriah representaba la Unidad, la Rectitud y la Espiritualidad de Dios.

Sobre ningún otro cimiento pueden los hombres construir con algún sentido de seguridad y permanencia cuando soplan los vientos y descienden las inundaciones. Pero la Biblia no es simplemente una roca fundacional; es también una cantera en la que encontramos las verdades que nos hacen hombres. Como en las antiguas edades de la geología se almacenaban rayos de luz solar en vastos lechos de carbón, para los usos del hombre, así en este viejo libro se almacena la luz de la verdad moral para iluminar la mente y calentar el corazón del hombre.

Ay, ha habido más disputas sobre la Biblia que sobre cualquier otro libro, lo que ha provocado cismas, dividiendo a los hombres en sectas. Pero la masonería conoce un cierto secreto, casi demasiado sencillo de averiguar, por el que evita tanto la intolerancia como el sectarismo. Es esencialmente religiosa, pero no es dogmática. El hecho de que la Biblia yazca abierta sobre su altar significa que el hombre debe tener alguna revelación divina, debe buscar una luz superior a la humana que le guíe y le gobierne. Pero la masonería no establece ningún dogma rígido sobre el tema de la revelación. No intenta ninguna interpretación detallada de la Biblia. El gran Libro yace abierto sobre su Altar, y está abierto para que todos lo lean, abierto para que cada uno lo interprete por sí mismo. El lazo por el que nuestro Arte está unido es fuerte, pero permite la máxima libertad de fe y pensamiento. Une a los hombres, no sobre un credo erizado de cuestiones debatidas, sino sobre la amplia y simple verdad que subyace a todos los credos y supera a todas las sectas: la fe en Dios, el sabio Maestro Constructor, para quien y con quien el hombre debe trabajar.

En esto nuestro gentil Oficio es verdaderamente sabio, y su sabiduría nunca fue más necesaria que hoy, cuando las iglesias están divididas y desgarradas por airados debates. Por mucho que los maestros religiosos difieran en sus doctrinas, en la Logia se reúnen con respeto mutuo y buena voluntad. En el altar de la masonería aprenden no sólo tolerancia, sino aprecio. En su aire de amable compañerismo, de hombre a hombre, descubren que las cosas que tienen en común son mayores que las que dividen. Es la gloria de la masonería enseñar la Unidad en lo esencial, la Libertad en los detalles, la Caridad en todas las cosas; y por este signo su espíritu debe al fin prevalecer. Es el bello secreto de la masonería que todos los hombres justos, todos los hombres devotos, todos los hombres justos son en todas partes de una misma religión, y trata de eliminar los engaños de los prejuicios y la intolerancia para que puedan reconocerse mutuamente y trabajar juntos en la realización del bien.

Como todo en la masonería, la Biblia, tan rica en simbolismo, es en sí misma un símbolo, es decir, una parte tomada por el todo. Es un símbolo del Libro de la Verdad, el Pergamino de la Fe, el Registro de la Voluntad de Dios tal como el hombre la ha aprendido en medio de los años, la perpetua revelación de Sí mismo que Dios ha hecho, y está haciendo, a la humanidad en cada época y tierra. Así, por el mismo honor que la masonería rinde a la Biblia, nos enseña a venerar todo Libro de Fe en el que los hombres encuentren ayuda para el día de hoy y esperanza para el de mañana.

Por esa razón, en una logia formada enteramente por judíos, sólo el Antiguo Testamento puede colocarse sobre el altar, y en una logia de la tierra de Mahoma puede utilizarse el Corán. Ya sean los Evangelios del cristiano, el Libro de la Ley del hebreo, el Corán del musulmán o los Vedas del hindú, en todas partes transmiten masónicamente la misma idea: simbolizar la Voluntad de Dios revelada al hombre, llevando la fe y la visión que ha encontrado a una gran confraternidad de buscadores y halladores de la verdad.

Así, la masonería invita a su Altar a hombres de todas las creencias, sabiendo que, si utilizan diferentes nombres para «el Innombrable de cien nombres», sin embargo están rezando al único Dios y Padre de todos; sabiendo, también, que aunque lean diferentes volúmenes, están leyendo de hecho el mismo vasto Libro de la Fe del Hombre tal como se revela en la lucha y la tragedia de la raza en su búsqueda de Dios. De modo que, por grande y noble que sea la Biblia, la masonería la ve como un símbolo de ese Libro eterno y siempre desplegable de la Voluntad de Dios que Lowell describió en líneas memorables:

> Lentamente se escribe la Biblia de la raza,
> y no en hojas de papel ni en hojas de piedra;
> cada edad, cada linaje, añade un verso a ella,
> textos de desesperanza o de esperanza,
> de gozo o de lamento.
> Mientras oscile el mar,
> mientras la niebla cubra la montaña,
> mientras los embates del trueno
> estallen en riscos de nube,
> a los pies del Profeta seguirán sentadas las naciones.

No obstante, aunque honramos todos los Libros de Fe en los que se han registrado el camino y la Voluntad de Dios, para nosotros la Biblia es suprema, a la vez el libro-madre de nuestra literatura y el libro-maestro de la Logia. Su verdad está incrustada en la fibra de nuestro ser, con todo lo demás de lo bueno y lo verdadero que nos ha dado el pasado. Su espíritu agita nuestros corazones, como un dulce hábito de la sangre; su luz sigue todo nuestro camino, mostrándonos el significado y el valor de la vida. Sus mismas palabras tienen en ellas recuerdos, ecos y sobretonos de voces acalladas hace mucho tiempo, y su escenario está entretejido con las asociaciones más sagradas de nuestras vidas. Nuestros padres y madres lo leyeron, encontrando en él sus últimas razones para vivir fiel y noblemente, y forma así parte del ritual de la Logia y del ritual de la vida.

Todo masón no sólo debe honrar la Biblia como una gran Luz del Oficio; debe leerla, vivir con ella, amarla, tomarse a pecho su verdad y aprender lo que significa ser un hombre. Hay algo en el viejo Libro que, si penetra en un hombre, lo hace a la vez gentil y fuerte, fiel y libre, obediente y tolerante, añadiendo a su conocimiento la virtud, la paciencia, la templanza, el autocontrol, el amor fraternal y la piedad. La Biblia es tan alta como el cielo y tan profunda como la tumba; sus dos grandes personajes son Dios y el Alma, y la historia de su vida eterna juntos es su romance imperecedero. Es el más humano de los libros, pues nos cuenta los secretos medio olvidados de nuestros propios corazones, nuestros pecados, nuestras penas, nuestras dudas, nuestras esperanzas. Es el más divino de los libros, al decirnos que Dios nos ha hecho para Él, y que nuestros corazones estarán inquietos, infelices y solitarios hasta que aprendamos a descansar en Aquél cuya Voluntad es nuestra paz.

«Él te ha mostrado, oh hombre, lo que es bueno; y qué pide de ti el Señor, sino hacer justicia, amar misericordia y andar humildemente con tu Dios».

«Amarás al Señor tu Dios con todo tu corazón, y con toda tu alma, y con todas tus fuerzas, y con toda tu mente; y a tu prójimo como a ti mismo».

«Así que, todas las cosas que queráis que los hombres hagan con vosotros, así también haced vosotros con ellos; porque esto es la ley y los profetas».

«La religión pura y sin mácula delante de Dios el Padre es esta: visitar a los huérfanos y a las viudas en sus tribulaciones, y guardarse sin mancha del mundo».

«Porque sabemos que si nuestra casa terrenal de este tabernáculo se deshiciere, tenemos de Dios un edificio, una casa no hecha de manos, eterna en los cielos».

CAPÍTULO III

LA ESCUADRA

LA SANTA BIBLIA se encuentra abierta sobre el Altar de la Logia, y sobre la Biblia descansan la Escuadra y el Compás. Son las tres Grandes Luces de la Logia, a la vez su garantía Divina y sus principales instrumentos de trabajo. Son símbolos de la Revelación, la Rectitud y la Redención, que nos enseñan que caminando a la luz de la Verdad y obedeciendo la ley de la Rectitud, lo Divino en el hombre obtiene la victoria sobre lo terrenal. Cómo vivir es el único asunto importante, y buscará lejos sin encontrar un camino más sabio que el que nos muestran las Grandes Luces de la Logia.

La Escuadra y el Compás son los símbolos más antiguos, sencillos y universales de la masonería. Todos los del mundo, ya sea como signo en un edificio, o como insignia llevada por un Hermano, incluso los profanos saben que son emblemas de nuestro antiguo Arte. Hace algunos años, cuando una empresa comercial intentó adoptar la Escuadra y el Compás como marca comercial, la Oficina de Patentes denegó el permiso, basándose, como decía la decisión, en que «no puede haber duda de que este dispositivo, tan comúnmente llevado y empleado por los masones, tiene un significado místico establecido, universalmente reconocido como existente; si todos lo comprenden o no, no es importante para esta cuestión». Nos pertenecen, tanto por las asociaciones de la historia como por la lengua del informe común.

Casi en todas partes en nuestro ritual, como en la mente pública, la Escuadra y el Compás se ven juntos. Si no están entrelazados, rara vez están muy separados, y el uno sugiere al otro. Y así es como debe ser, porque las cosas que simbolizan están entrelazadas. Antiguamente, cuando se pensaba que la Tierra era plana y cuadrada, la escuadra era un emblema de la Tierra y, más tarde, del elemento terrenal en el hombre. Como el cielo es un arco o un círculo, el utensilio que describe un Círculo se convirtió en el símbolo del espíritu celestial o celeste en el hombre. Así, las herramientas del constructor se convirtieron en los emblemas de los pensamientos del pensador; y nada en la masonería es más impresionante que la lenta elevación del Compás por encima de la Escuadra en el progreso de los grados. Todo el significado y la tarea de la vida están ahí, para aquellos que tienen ojos para ver.

Separemos la Escuadra del Compás y estudiémosla a solas, para ver mejor su significado y uso ulteriores. No hace falta decir que la Escuadra que tenemos en mente no es un cubo, que tiene cuatro lados y ángulos iguales, considerado por los griegos una figura de perfección. Tampoco es la escuadra del carpintero, uno de cuyos catetos es más largo que el otro, con las pulgadas marcadas para medir. Es una escuadra pequeña y lisa, sin marcas y con los catetos de igual longitud, una simple escuadra de prueba utilizada para comprobar la exactitud de los ángulos y la precisión con la que se cortan las piedras.

Puesto que la escuadra se utilizaba para probar que los ángulos eran rectos, se convirtió naturalmente en un emblema de precisión, integridad, rectitud. Al igual que las piedras se cortan para encajar en un edificio, así nuestros actos y pensamientos se construyen juntos en una estructura de carácter, mal o firmemente, y deben ser probados por una norma moral de la que la simple escuadra de prueba es un símbolo.

Así, entre los masones especulativos, el pequeño cuadrado de prueba siempre ha sido un símbolo de moralidad, de la rectitud básica que debe ser la prueba de todo acto y el fundamento del carácter y la sociedad.

«Desde el inicio de la Restauración en 1717 esto quedó manifiesto en la enseñanza de la masonería, por el hecho de que la Sagrada Biblia se colocaba sobre el Altar, junto con la Escuadra y el Compás. En uno de los catecismos más antiguos de la Orden, fechado en 1725, se pregunta: «¿Cuántos hacen una Logia?» La respuesta es específica e inequívoca: «Dios y la Escuadra, con cinco o siete masones rectos o perfectos». Dios y la Escuadra, la Religión y la Moralidad, deben estar presentes en toda Logia como sus Luces rectoras, o de lo contrario deja de ser una Logia justa y verdaderamente constituida. En todas las tierras, en todos los ritos donde la masonería es fiel a sí misma, la Escuadra es un símbolo de rectitud, y se aplica a la luz de la fe en Dios.

Dios y la Escuadra, es necesario mantener los dos juntos en nuestros días, porque la tendencia de la época es separarlos. La idea en boga hoy en día es que la moralidad es suficiente, y que la fe en Dios –si es que hay un Dios– puede o no ser importante. Algunos hombres muy capaces del Oficio insisten en que hacemos que la enseñanza de la masonería sea demasiado religiosa. Mientras que, como demuestra toda la historia, si la fe en Dios se atenúa, la moral se convierte en una mera costumbre, si no en una telaraña, de la que desprenderse a la ligera. No está arraigada en la realidad, por lo que carece de autoridad y sanción. Tal idea, tal espíritu –tan extendido en nuestro tiempo, y que encuentra tantos defensores capaces y plausibles– golpea los cimientos, no sólo de la masonería, sino de toda vida social ordenada y en progreso. Una vez que los hombres lleguen a pensar que la moralidad es una invención humana, y no una parte del orden del mundo, y la ley moral perderá tanto su significado como su poder. Mucho más sabio era el viejo libro titulado *Todo en todo y lo mismo para siempre*, de John Davies, y fechado en 1607, aunque escrito por un no masón, cuando leía la realidad y la naturaleza de Dios de esta manera: «Sin embargo, dibujé esta forma de Deidad informe con la Escuadra y el Compás de nuestro Credo».

Porque, inevitablemente, una sociedad sin normas será una sociedad sin estabilidad, y un día se hundirá. No sólo naciones, sino civilizaciones enteras han perecido en el pasado, por falta de rectitud. La historia habla claro en este asunto, y no nos atrevemos a hacer caso omiso de ella. De ahí la importancia que se concede a la Escuadra o Virtud, y la razón por la que los masones lo llaman el gran símbolo de su Oficio. Es un símbolo de esa ley moral sobre la que debe descansar la vida humana si quiere mantenerse en pie. Un hombre puede construir una casa de la forma que quiera, pero si espera que se mantenga en pie y sea su hogar, debe ajustar su estructura a las leyes y fuerzas que rigen en el reino material. Del mismo modo, a menos que vivamos en obediencia a las leyes morales que Dios ha escrito en el orden de las cosas, nuestras vidas caerán y acabarán en naufragio.

Cuando un joven olvida la sencilla Ley de la Escuadra, no hace falta un profeta para prever cuál será el resultado. Es como un problema de geometría.

Tal ha sido el significado de la Escuadra hasta donde podemos remontarnos. Mucho antes de nuestra era encontramos a la Escuadra enseñando la misma lección que nos enseña hoy en día. En uno de los antiguos libros de China, llamado *El Gran Aprendizaje*, que ha sido fechado en el siglo V antes de Cristo, leemos que un hombre no debe hacer a los demás lo que no quiere que le hagan a él; y el escritor añade: «esto se llama el principio de actuar sobre sobre la escuadra». Ahí está, registrado hace mucho, mucho tiempo. El filósofo más grande no ha encontrado nada más profundo, y el hombre más viejo en su madura sabiduría no ha aprendido nada más verdadero. Incluso Jesús sólo lo alteró de la forma negativa a la positiva en su Regla de Oro. Así, en todas partes, en nuestro Oficio y fuera de él, la Escuadra ha enseñado su simple verdad que no envejece. El Gran Maestro Provincial Adjunto del Norte y Este de Yorkshire recuperó una reliquia muy curiosa, en forma de una antigua escuadra de latón encontrada bajo la primera piedra de un antiguo puente cerca de Limerick, en 1830. En él estaba inscrita la fecha, 1517, y las siguientes palabras:

Esfuérzate por vivir con amor y cuidado
sobre el nivel, junto a la Escuadra.

Qué simple y hermoso es, revelando la sabiduría más antigua que el hombre ha aprendido y el genio mismo de nuestro Oficio. De hecho y de verdad, la Escuadra rige al masón tanto como la Logia en la que trabaja. Nada más entrar en una Logia, el candidato camina con pasos cuadrados alrededor del pavimento cuadrado de una Logia rectangular. Durante toda la ceremonia, su actitud le hace pensar en el mismo símbolo, como si quisiera modelar su vida según su forma. Cuando sale a la Luz, contempla la Escuadra sobre el Altar, y al mismo tiempo ve que la lleva el Maestro de la Logia, como emblema de su oficio. En la esquina noreste se le muestra el sillar perfecto, y se le dice que es el tipo de un masón acabado, que debe ser una Escuadra en pensamiento y conducta, en palabra y obra. Con cada arte de énfasis el ritual escribe esta lección en nuestros corazones, y si olvidamos esta primera verdad la Palabra Perdida permanecerá para siempre perdida.

Porque la masonería no es simplemente un ritual; es una forma de vivir. Nos ofrece un plan, un método, una fe mediante la cual podemos construir nuestros días y años en un carácter tan fuerte y verdadero que nada, ni siquiera la muerte, puede destruirlo. Cada uno de nosotros tiene en su propio corazón una pequeña escuadra llamada Conciencia, mediante la cual probar cada pensamiento y obra y palabra, si es verdadera o falsa. En la medida en que un hombre aplique honestamente esa prueba en su propio corazón y en sus relaciones con sus semejantes, en esa medida su vida será feliz, estable y verdadera.

Hace mucho tiempo se hizo la pregunta y se respondió: «Señor, ¿quién morará en Tu tabernáculo? El que camina rectamente, obra con rectitud y dice la verdad en su corazón». La primera obligación de un masón es estar en la Escuadra, en todos sus deberes y tratos con sus semejantes, y si falla ahí no puede ganar en ninguna parte. Dejemos que uno de nuestros poetas lo resuma todo:

No importa cuál sea tu destino
ni cuál tu tarea aquí,
un deber permanece para ti,
un deber permanece para mí.
Seas doctor sabio y hábil,

o trabajes por jornal,
obrero en la calle,
o artista en el escenario teatral;
una gloria aún te espera,
un honor justo y cabal:
que los hombres digan al verte pasar:
«Ese hombre es recto y leal».
Ah, he aquí una frase que mucho encierra,
es buen y antiguo inglés también;
significa que los hombres confían
en todo cuanto tú haces bien.
Significa que lo que tienes lo has ganado,
y que has hecho siempre lo mejor;
y cuando en la noche duermas tranquilo
no te turbe la conciencia ni el temor.
Significa que tu guía es la conciencia,
y el honor tu fiel deber;
no hay alabanza mayor que esta:
«Ese hombre es recto y de bien».
Y cuando muera, no desearía
un epitafio extenso y vano;
no quiero una lápida grande
con palabras huecas de la mano.
No escojáis un solo acto mío,
si acaso alguno hubiere,
para grabar en mi monumento
a la vista de quien lo mire.
Solo esta frase elijo yo,

para mostrar que mi vida fue cabal:
«Aquí reposa ahora un hombre
que siempre fue recto y leal».

CAPÍTULO IV

EL COMPÁS

EN nuestro estudio de la Escuadra vimos que casi siempre está unida al Compás, y estos antiguos emblemas, junto con la Sagrada Biblia, son las Grandes Luces de la Orden. Si la Logia es un «cuadrilongo» y está edificada sobre la Escuadra (como se creía en la antigüedad que lo estaba la tierra), sobre ella se arquea el Cielo, que es un círculo. Así, la Tierra y el Cielo se reúnen en la Logia: la tierra donde el hombre sale a su trabajo, y el cielo al que aspira. En otras palabras, la luz de la Revelación y la ley de la Naturaleza son como los dos puntos del Compás dentro de los cuales nuestra vida está trazada bajo un dosel de Sol y de Estrellas.

Ningún simbolismo puede ser más simple, más profundo, más universal, y se vuelve más maravilloso cuanto más tiempo se reflexiona sobre él. De hecho, si la masonería es en algún sentido una religión, es la Religión del Universo, en la que todos los hombres pueden unirse. Sus principios son tan amplios como el mundo, tan altos como el cielo. La Naturaleza y la Revelación se mezclan en su enseñanza; su moralidad está enraizada en el orden del mundo, y su techo es la bóveda azul de lo alto. La Logia, como solemos olvidar, está siempre abierta al cielo, de donde proceden las influencias que exaltan y ennoblecen la vida del hombre. Simbólicamente, al menos, no tiene más vigas que los cielos arqueados a los que, como chispas que ascienden en busca del sol, tienden nuestra vida y nuestro trabajo. Del lado celestial de la masonería el Compás son el símbolo, y son quizás la más espiritual de nuestras herramientas de trabajo.

Como se ha dicho, la Escuadra y el Compás casi siempre están juntos, y eso es cierto hasta donde podemos remontarnos. En el sexto libro de la filosofía de Mencio, en China, encontramos estas palabras: «Un Maestro Masón, al instruir a los Aprendices, hace uso del compás y la escuadra. Vosotros que os dedicáis a la búsqueda de la sabiduría debéis también hacer uso del Compás y la Escuadra». Observad el orden de las palabras: el Compás ocupa el primer lugar, y así debe ser para un Maestro Masón. En el clásico más antiguo de China, el *Libro de la Historia*, que se remonta a dos mil años antes de nuestra era, encontramos el Compás empleado sin la Escuadra: «Vosotros, oficiales del Gobierno, aplicad el compás». Incluso en aquel tiempo tan remoto estos símbolos tenían el mismo significado que tienen para nosotros hoy, y parecen haber sido interpretados de la misma manera.

Aunque en el orden de la Logia la Escuadra es la primera, en realidad no es la primera en orden. La Escuadra se apoya en el Compás antes de que el Compás se apoye en la Escuadra.

Es decir, al igual que un cuadrado perfecto es una figura que sólo puede dibujarse dentro de un círculo o sobre un círculo, así la vida terrenal del hombre se mueve y se construye dentro del Círculo de la vida y la ley y el amor Divinos que la rodean, la sostienen y la explican. En el ritual de la Logia vemos al hombre, embaucado por los sentidos, salir lentamente a tientas de la oscuridad, buscando la luz de la moral y la razón. Pero lo hace con la ayuda de la inspiración de lo alto, de lo contrario viviría sin una chispa. Alguna profunda necesidad, algún tenue deseo le llevaron a la puerta de la Logia, en busca de una vida mejor y una visión más clara. Vagos destellos, impulsos, insinuaciones le llegaron en la noche de la Naturaleza, y se puso en marcha y al encontrar una mano amiga que le ayudara llamó a la puerta de la Casa de la Luz.

Como Aprendiz un hombre está, simbólicamente, en un estado crudo, natural, su vida divina cubierta y gobernada por su naturaleza terrenal. Como Compañero ha dado un paso hacia la libertad y la luz, y los elementos más nobles que hay en él luchan por elevarse por encima de su naturaleza inferior y controlarla. En el sublime Grado de Maestro Masón –mucho más sublime de lo que aún nos damos cuenta– por el amor humano, por la disciplina de la tragedia, y aún más por la ayuda divina, lo divino en él ha subyugado a lo terrenal, y se yergue fuerte, libre e intrépido, listo para levantar piedra sobre piedra hasta que no falte nada. Si examinamos con atención las posiciones relativas de la Escuadra y el Compás a medida que avanzaba por los grados, aprenderemos una parábola y una profecía de lo que significa el Compás en la vida de un masón.

Aquí también aprendemos lo que quería decir el viejo filósofo de China cuando instaba a los funcionarios del Gobierno a «aplicar el Compás», ya que sólo los hombres que se han dominado a sí mismos pueden realmente dirigir o gobernar a los demás. Estudiemos ahora el Compás separado de la Escuadra, e intentemos descubrir lo que tienen que enseñarnos. No hay lección más práctica en la masonería y nos corresponde aprenderla y ponerla en práctica. Así como la luz de la Santa Biblia nos revela nuestra relación y nuestro deber para con Dios, y la Escuadra nos instruye en nuestros deberes para con el Hermano y el prójimo, el Compás nos enseña la obligación que tenemos para con nosotros mismos. Es necesario aclarar cuál es esa obligación: es el deber primario, imperativo y cotidiano de circunscribir sus pasiones y mantener sus deseos dentro de los límites debidos. Como dijo hace mucho tiempo el Excelentísimo Rey Salomón, «mejor es el que domina su espíritu que el que toma una ciudad».

En resumen, es la vieja tríada, sin la cual el carácter pierde su simetría, y la vida puede acabar fácilmente en el caos y la confusión. Se ha expresado de muchas maneras, pero nunca mejor que en las tres grandes palabras: autoconocimiento, autorreverencia, autocontrol; y no podemos perder ninguna de las tres y conservar las otras dos. Conocernos a nosotros mismos, nuestra fuerza, nuestra debilidad, nuestras limitaciones, es el primer principio de la sabiduría, y una seguridad contra muchos escollos y errores garrafales. Al carecer de ese conocimiento, o no tenerlo en cuenta, un hombre va demasiado lejos, pierde el control de sí mismo y, por el mismo hecho, pierde, en cierta medida, el respeto por sí mismo, que es la piedra angular de un carácter. Si se pierde el respeto a sí mismo, no conserva durante mucho tiempo el respeto a los demás, y va por el camino de la destrucción, como una estrella fuera de órbita, o un coche en la cuneta.

Los antiguos griegos plasmaron la misma verdad en una trinidad de máximas: «Conócete a ti mismo; en nada abuses; piensa como un mortal»; y eso les hizo maestros del arte de la vida y de la vida del arte. De ahí su sabia Doctrina del Límite, como idea básica tanto de la vida como del pensamiento, y su culto al Dios de los Límites, del que el Compás son un símbolo. La maravilla de nuestra vida humana es que pertenecemos a lo limitado y a lo ilimitado. Cercados, cercados, restringidos, anhelamos una libertad sin reglas ni límites. Sin embargo, la libertad sin límites es anarquía y esclavitud. Como en la gran palabra de Burke, «está ordenado en la constitución eterna de las cosas, que un hombre de pasiones destempladas no puede ser libre; sus pasiones forjan sus grilletes». La libertad descansa sobre la ley. El hombre sabio es aquel que tiene plenamente en cuenta ambas, que sabe, en todo momento, matizar la una por la otra, como le enseñará a hacer el Compás, si lo utiliza correctamente.

Gran parte de nuestra vida se rige por nosotros queramos o no. Las leyes de la naturaleza lanzan a nuestro alrededor sus bandas restrictivas, y no hay lugar donde no corra su mandato. Las leyes de la tierra nos hacen conscientes de que nuestra libertad está limitada por los mismos derechos y libertades de los demás. También nuestro vecino, si no actuamos con rectitud hacia él, puede confiar en que velará por sus propios derechos. La costumbre, el hábito y la presión de la opinión pública son fuerzas de contención impalpables que no nos atrevemos a desafiar del todo. Son otros tantos caminos de los que nuestras pasiones y apetitos se desvían por nuestra cuenta y riesgo. Pero hay otras regiones de la vida donde la personalidad tiene libre juego, y son los lugares donde reside la mayor parte de nuestra alegría y nuestra tristeza. Es en el reino del deseo, de la emoción, del motivo, en la vida interior donde somos más libres y estamos más solos, donde necesitamos un uso sabio y fiel del Compás.

El uso del Compás es una de las artes más finas, que exige la más alta habilidad de un Maestro Masón. Si está debidamente instruido, apoyará una punta en el centro más íntimo de su ser, y con la otra trazará un círculo más allá del cual no irá, hasta que esté preparado y sea capaz de ir más lejos. Contra la pequeñez de su conocimiento opondrá la profundidad de su deseo de saber, contra la brevedad de su vida terrenal el alcance de su esperanza espiritual. Dentro de un límite sabio vivirá y trabajará y crecerá, y cuando alcance el borde exterior del círculo trazará otro, y alcanzará una vida plena, equilibrada, bella y finamente equilibrada Ningún hombre sabio se atreve a olvidar la máxima: «En nada demasiado», porque hay situaciones en las que una palabra de más, un paso de más, significan el desastre. Si tiene una lengua rápida, un temperamento ardiente, un humor oscuro, aplicará el Compás, encerrará su debilidad dentro del círculo de su fuerza y la controlará.

Por extraño que parezca, incluso una virtud, si no se controla y se abandona a sí misma, puede convertirse en un vicio. El elogio, si se lleva demasiado lejos, se convierte en adulación. El amor suele acabar en un sentimentalismo blando, fofo y necio. La fe, si se lleva al extremo por la voluntad de creer, acaba en un exceso de creencia y superstición. Es el Compás el que nos ayuda a mantener el equilibrio, obedeciendo a la otra máxima griega: «Piensa como un mortal», es decir, recuerda los límites del pensamiento humano. Un antiguo místico decía que Dios es un círculo cuyo centro está en todas partes y su circunferencia en ninguna. Pero tal idea es un borrón. Nuestras mentes no pueden captarla ni retenerla. Incluso en nuestro pensamiento sobre Dios debemos dibujar un círculo que encierre tanto de su naturaleza como podamos captar y realizar, ampliando el círculo a medida que nuestra experiencia y pensamiento y visión se expandan. Muchos hombres pierden toda la verdad en su impaciente esfuerzo por alcanzar la verdad final. Es el hombre que cree haber encontrado la única verdad, toda la verdad y nada más que la verdad, y que trata de imponer su dogma a los demás, el que se convierte en el fanático, el intolerante, el perseguidor.

También aquí debemos aplicar el Compás, si queremos que nuestra fe se realice en comunión. Ahora conocemos en parte –una pequeña parte, puede ser, pero es real hasta donde llega– aunque sea como quien ve en un cristal oscuro. La promesa es que si somos dignos y estamos bien cualificados, veremos a Dios cara a cara y lo conoceremos siempre como somos conocidos. Pero Dios es tan grande, tan superior a mi mente y a la suya, que si hemos de conocerle de verdad, debemos conocerle juntos, en comunión y fraternidad. Y así el poeta-masón tenía razón cuando escribió:

> Él trazó un círculo que me excluyó,
> hereje, rebelde, objeto de burla;
> pero el amor y yo tuvimos el ingenio de vencer,
> y trazamos un círculo que lo incluyó a él.

CAPÍTULO V

EL NIVEL Y LA PLOMADA

AL IGUAL que la Escuadra y el Compás, el Nivel y la Plomada están casi siempre unidos en nuestro ritual. Realmente van juntos, tanto en la enseñanza moral como en la construcción práctica. El uno se utiliza para trazar horizontales, el otro para intentar perpendiculares, y su uso sugiere su simbolismo. Por su uso, ambas son herramientas de trabajo especiales del Compañero, junto con la Escuadra; y también las llevan como joyas dos de los oficiales principales de la Logia.

Entre los masones de antaño, el trabajo real de construcción lo realizaban los Compañeros, utilizando materiales recogidos y desbastados por los Aprendices, todos trabajando bajo la dirección del Maestro. En nuestro simbolismo, así como el Aprendiz es la juventud, el Compañero es la edad adulta, el momento en que el trabajo real de la vida debe realizarse sobre el Nivel, mediante la Plomada y la Escuadra. Junto a la Escuadra y el Compás, el Nivel y la Plomada se encuentran entre los símbolos más nobles y sencillos del Oficio, y su significado es tan claro que apenas es necesario señalarlo. Sin embargo, son tan importantes, en uso y significado, que casi podrían contarse entre las Luces Menores de la Logia.

I

El Nivel, así se le enseña al masón recién iniciado, tiene el propósito de probar horizontales. Un escritor inglés encuentra una lección en la estructura del Nivel, en el hecho de que sabemos que una superficie está nivelada cuando el fluido está aplomado y en reposo.

A partir del uso del Nivel, nos pide que busquemos alcanzar un aplomo mental pacífico y equilibrado, no perturbado por las pasiones que nos trastornan y nos inclinan hacia un lado u otro. Es un consejo de perfección, admite, pero insiste en que uno de los mejores servicios de la masonería es mantener ante nosotros ideales elevados y, lo que es más, un ideal en constante retroceso, pues de lo contrario nos cansaríamos de él.

Por supuesto, el gran significado del Nivel es que enseña la igualdad, y esa es una verdad que hay que comprender cuidadosamente. No hay poca confusión al respecto. Nuestra Declaración de Independencia Americana nos dice que todos los hombres son «creados iguales», pero no muchos han intentado pensar qué significan realmente esas palabras. Para la mayoría de nosotros es un sentimiento vago, una generalidad reluciente nacida del hecho de que todos estamos hechos del mismo polvo, somos partícipes de la suerte humana común, movidos por la misma gran fe y temores, esperanzas y amores – caminando en el Nivel del tiempo hasta que la Muerte, por su sombría democracia, borra todas las distinciones y reduce a todos al mismo nivel.

Cualquiera que se enfrente a los hechos sabe bien que no todos los hombres son iguales, ni por naturaleza ni por gracia. Nuestra humanidad se asemeja a la superficie del mundo natural en sus colinas y valles. Los hombres son muy desiguales en poder físico, en capacidad mental, en calidad moral. No hay dos hombres iguales; no hay dos iguales. Un hombre se eleva por encima de sus semejantes, como una montaña sobre las colinas. Algunos pueden hacer lo que otros nunca podrán.

Algunos tienen cinco talentos, otros dos y otros sólo uno. Un genio puede hacer con facilidad sin esfuerzo lo que es inútil que otros intenten, y un poeta puede ser desigual a un carretero en fuerza y sagacidad. Cuando hay desigualdad de dones es ocioso hablar de igualdad de oportunidades, por muy bonita que suene la frase. No existe.

Ninguna teoría simplista puede reducir a la humanidad a un nivel muerto. Las arrugas de hierro de los hechos son realidades obstinadas. Manifiestamente es mejor que sea así, porque sería un mundo aburrido si todos los hombres fueran iguales en un sentido literal. Tal como son las cosas, en lo que uno carece otro sobresale, y los hombres se sienten atraídos por el hecho de que son desiguales y distintos. El mundo tiene diferentes tareas que exigen diferentes poderes, cerebros para idear, videntes para ver, manos para ejecutar, profetas para dirigir. Necesitamos poetas que inspiren, científicos que enseñen, pioneros que abran camino hacia nuevas tierras. Sin duda a esto se refería Goethe cuando decía que se necesitan todos los hombres para hacer un hombre, y el trabajo de cada uno es la gloria de todos.

¿Cuál es, entonces, la igualdad de la que el Nivel es el símbolo? Evidentemente, no es la identidad, ni siquiera la similitud de dones y dotes. No, es algo mejor; es el derecho igualitario de cada hombre al pleno uso y desarrollo del poder que tiene, sea cual sea, sin que lo impidan la injusticia o la opresión. Como dice nuestra Declaración de Independencia, todo hombre tiene el derecho igual e inalienable a «la vida, la libertad y la búsqueda de la felicidad», con la debida consideración por los derechos de los demás en la misma búsqueda. O, como lo resumía un famoso eslogan «¡Igualdad de derechos para todos; privilegios especiales para ninguno!». Es decir, ante la ley todo hombre tiene igual derecho a igual justicia, como ante Dios, en cuya presencia todos los hombres son uno en su pequeñez, cada uno recibe por igual e imparcialmente la bendición del Amor Eterno, así como el sol brilla y la lluvia cae sobre todos con igual bendición.

Albert Pike, y con él muchos otros, han llegado a decir que la masonería fue el primer apóstol de la igualdad en el verdadero sentido. Una cosa sí sabemos: La masonería presidió el nacimiento de nuestra república, y por la habilidad de sus líderes escribió su verdad básica, de la que el Nivel es el símbolo, en la ley orgánica de esta tierra. La Guerra por la Independencia, y la lucha por la libertad constitucional, podrían haber tenido otro desenlace de no ser porque nuestros líderes estaban unidos por un místico lazo de obligación, juramentados al servicio de los derechos del hombre. Incluso Thomas Paine, que no era masón, escribió un ensayo en honor de una Orden que defendía el gobierno sin tiranía y la religión sin superstición, dos principios que van unidos, como el Nivel y la Plomada. Así, por todo lo que es sagrado tanto en nuestro País como en nuestro Oficio, estamos comprometidos a guardar, defender y practicar la verdad enseñada por el Nivel. Pero es en el aire libre y amistoso de una Logia, en torno a un altar de juramento y oración, donde el principio de igualdad encuentra su expresión más perfecta y hermosa.

Allí, sobre el Nivel, el símbolo de la igualdad, ricos y pobres, altos y bajos, príncipes y simples ciudadanos –hombres de diversos credos, partidos, intereses y ocupaciones– se reúnen en mutuo respeto y real consideración, olvidando todas las diferencias de rango y posición, y unidos por el mayor bien de todos. «Nos reunimos en el Nivel y nos separamos en la Escuadra»; títulos, rangos, riquezas, no pasan de la puerta de la Logia; y el hermano más humilde es tenido en sagrada consideración, igualmente que el hermano que ha alcanzado la ronda más alta de la rueda de la fortuna.

Todos los hombres de la Logia participan por igual en la construcción del Templo, y cada uno tiene su trabajo que hacer. Puesto que la tarea exige diferentes dones y poderes, todos son igualmente necesarios para el trabajo, el arquitecto que dibuja los planos, el Aprendiz que transporta las piedras o les da forma con el cincel y el mazo, el Compañero que las pule y deposita en el muro, y los oficiales que reúnen a los obreros, guían su trabajo y pagan sus salarios. Todos son iguales a todos mientras hagan un buen trabajo, un trabajo verdadero, un trabajo cuadrado. Nadie más que él es necesario para la erección del edificio; nadie más que él recibe el honor del Oficio; y todos juntos conocen la alegría de ver el Templo levantarse lentamente en medio de sus labores. Así, la masonería eleva a los hombres a un alto nivel, haciendo de cada uno un compañero de trabajo en una gran empresa, y si es la mejor hermandad es porque es una hermandad de los mejores.

II

La Plomada es un símbolo tan sencillo que no necesita exposición. Así como el Nivel enseña la unidad en la diversidad y la igualdad en la diferencia, la Plomada es símbolo de rectitud en la conducta, de integridad en la vida y de aquella rectitud del carácter moral que hace a un hombre bueno y justo. En el arte de construir, la exactitud es integridad, y si un muro no está perfectamente perpendicular, probado por la línea de la Plomada, es débil y puede caer, o bien poner en peligro la fuerza y estabilidad del conjunto. De igual manera, aunque nos encontremos sobre el Nivel, cada uno de nosotros debe edificar un carácter recto, probado por la Plomada, o debilitamos la Fraternidad que pretendemos servir y ponemos en riesgo su fuerza y su posición en la comunidad.

Así como un obrero no se atreve a desviarse ni lo ancho de un cabello a la derecha o a la izquierda si su muro ha de ser firme y su arco estable, así también los masones deben caminar erguidos y vivir vidas rectas.

Lo que significa una vida recta cada uno lo sabe, pero nunca ha sido mejor descrito que en el Salmo 15, que puede llamarse la religión de un caballero y el diseño sobre el Trazado de todo masón:

> Señor, ¿quién habitará en tu Tabernáculo? ¿Quién morará en tu monte santo? Aquel que anda en integridad y hace justicia, y habla verdad en su corazón. El que no calumnia con su lengua, ni hace mal a su prójimo, ni contra su prójimo admite reproche. Aquel a cuyos ojos es menospreciado el vil, pero honra a los que temen al Señor. El que, aun jurando en perjuicio propio, no por eso cambia. El que no da su dinero a usura, ni contra el inocente acepta soborno. El que hace estas cosas no resbalará jamás.

Lo que es verdad para un hombre lo es igualmente para una nación. La fuerza de una nación es su integridad, y ninguna nación es más fuerte que la calidad moral de los hombres que son sus ciudadanos. Siempre, al final, todo vuelve al individuo, que es piedra viva en el muro de la sociedad y del Estado, haciéndolos fuertes o débiles.

Con cada acto de injusticia, con cada falta de integridad, debilitamos la sociedad y ponemos en peligro la seguridad y la santidad de la vida común. Con cada acto noble hacemos que todas las cosas sagradas sean más sagradas y seguras para nosotros y para quienes vengan después de nosotros. El profeta Amós tiene un pasaje conmovedor en el que nos deja ver cómo Dios probó al pueblo de antaño con la Plomada; y por la misma prueba nosotros somos examinados:

> Así me mostró: y he aquí, el Señor estaba sobre un muro hecho a plomada, con una plomada en su mano. Y el Señor me dijo: «Amós, ¿qué ves?». Y yo respondí: «Una plomada». Entonces dijo el Señor: «He aquí, pongo plomada en medio de mi pueblo Israel; no volveré a pasarlos por alto jamás».

CAPÍTULO VI

LA OBRA MAESTRA

EN LOS TIEMPOS antiguos no era asunto fácil para un hombre llegar a ser francmasón. Tenía que ganarse el derecho mediante duro trabajo, destreza técnica y valía personal. Entonces, como ahora, debía probar ser un hombre libre, de edad legal y nacimiento legítimo, de cuerpo sano y buena reputación, para ser siquiera admitido. Asimismo, debía obligarse a servir bajo reglas estrictas durante siete años, siendo su servicio a la vez una prueba de su carácter y un entrenamiento para su labor. Si se mostraba incompetente o indigno, era despedido.

En todas las logias operativas de la Edad Media, como en los gremios de artesanos especializados del mismo período, los jóvenes ingresaban como Aprendices, jurando obediencia absoluta, pues la Logia era una escuela de las siete ciencias, además del arte de la construcción. Al principio el Aprendiz era poco más que un criado, realizando el trabajo más servil, y si demostraba ser confiable y competente, sus salarios aumentaban; pero las reglas nunca se relajaban, «excepto en Navidad», como nos dicen las Antiguas Constituciones, cuando había un periodo de libertad debidamente celebrado con banquetes y regocijo.

Las reglas bajo las cuales un Aprendiz se obligaba a vivir, tal como las encontramos registradas en las Antiguas Constituciones, eran muy estrictas. Primero debía confesar su fe en Dios, jurando honrar a la Iglesia, al Estado y al Maestro bajo cuya autoridad servía, comprometiéndose a no ausentarse del servicio de la Orden salvo con licencia del Maestro. Debía ser honesto y recto, fiel en guardar los secretos de la Orden y la confianza de sus compañeros. No solo debía ser casto, sino que no podía casarse ni comprometerse con mujer alguna durante el tiempo de su aprendizaje. Debía ser obediente al Maestro sin discutir ni murmurar, respetuoso con todos los Francmasones, evitando palabras inciviles, libre de calumnias y disputas. No debía frecuentar tabernas ni casas de cerveza, salvo que fuese por encargo del Maestro o con su consentimiento.

Tal era la rigurosa norma bajo la cual un Aprendiz aprendía el arte y los secretos de la Orden. Después de siete años de estudio y disciplina, ya fuese en la Logia o en la Asamblea Anual (donde solían otorgarse distinciones), presentaba su «Obra Maestra», algún trozo de piedra o de metal cuidadosamente labrado, para la inspección del Maestro, diciendo: «¡He aquí mi experiencia!» Con lo cual quería significar la suma de sus ensayos. Había echado a perder más de una piedra. Había embotado el filo de más de una herramienta. Había consumido noches y días laboriosos, y todo aquello se resumía en esa pequeña pieza de trabajo. Su obra maestra era cuidadosamente examinada por los Maestros reunidos y, si era aprobada, era hecho Maestro Masón, con derecho a tomar su caja de herramientas y salir como obrero, Maestro y Compañero de su Arte. No, empero, hasta que hubiese escogido una Marca por la cual pudiera identificarse su trabajo, y renovado sus Votos a la Orden en la cual ahora era un Compañero.

El antiguo orden era primero Aprendiz, luego Maestro y después Compañero; en los primeros tiempos, el grado de Maestro no se otorgaba a través de ceremonia alguna, sino que era una recompensa a la habilidad como obrero y al mérito como hombre.

La inversión del orden actual se debe, sin duda, a la costumbre de los gremios alemanes, donde se exigía a un Compañero de Oficio servir dos años adicionales como oficial antes de convertirse en Maestro. En Inglaterra no se conocía tal costumbre. De hecho, ocurría lo contrario: era el Aprendiz quien preparaba su obra maestra y, si era aceptada, se convertía en Maestro. Habiendo ganado su maestría, tenía derecho a convertirse en Compañero, es decir, en par y compañero del Oficio al que hasta entonces solo había servido.

Por lo tanto, en todos los *Old Charges* el orden es «Maestros y Compañeros», pero hay indicios que muestran que se hacía una distinción según la habilidad y la destreza. Por ejemplo, en el *Manuscrito Matthew Cooke* leemos que había sido «ordenado que los que pasaban de astucia debían pasar de honor», y a los menos hábiles se les ordenó llamar a los más hábiles «Maestros». Luego se añade: «Los que eran menos hábiles no debían ser llamados siervos ni súbditos, sino Compañeros, por la nobleza de su sangre gentil».

De esta manera, nuestros antiguos Hermanos se enfrentaron al hecho de la desigualdad humana de habilidad e iniciativa. Aquellos que tenían mayor destreza ocupaban una posición más elevada y eran llamados Maestros, mientras que la mayoría del Oficio eran llamados Compañeros.

Debe hacerse otra distinción entre un «Maestro» y un «Maestro de la Obra», representado ahora por el Maestro de la Logia. Entre un Maestro y el Maestro de la Obra no había diferencia alguna, salvo una circunstancial; ambos eran Maestros y Compañeros. Cualquier Maestro podía convertirse en Maestro de la Obra siempre que tuviera la suficiente habilidad y la fortuna de ser elegido como tal por el patrón o por la Logia, o por ambos.

Qué rito o ritual, si es que lo había, acompañaba al nombramiento de un Maestro en las antiguas Logias operativas, sigue siendo objeto de discusión. En una época dedicada al ceremonial resulta difícil imaginar un acontecimiento tan importante sin su debida ceremonia, pero los detalles permanecen oscuros. Lo que sí está claro es que todos los materiales a partir de los cuales se desarrollaron posteriormente los grados existían, si no en el drama, al menos en la leyenda.

Un drama elaborado no sería necesario en una logia operativa. Incluso hoy en día, mucho de lo que se representa en una logia americana se recita simplemente en una logia inglesa. Los estudiosos parecen estar bastante de acuerdo en que desde muy antiguo hubo dos ceremonias o grados, aunque sin duda en una forma mucho menos elaborada que la que se practica ahora. A medida que la Orden, tras el final del periodo de construcción de catedrales, adoptó su carácter especulativo, se produjeron naturalmente muchos cambios, y mucho de lo que era rutina en una logia operativa se convirtió en ritual en una logia especulativa.

No es el momento de discutir el origen y desarrollo del Tercer Grado, salvo para decir que quienes imaginan que fue una invención fabricada por Anderson y otros en el momento del renacimiento de la masonería en 1717 están claramente equivocados.

Tal grado podría haber sido concebido por cualquiera familiarizado con las antiguas *religiones misteriosas*; pero nunca habría podido imponerse al Oficio si no hubiera armonizado con alguna ceremonia anterior o, al menos, con ideas, tradiciones y leyendas familiares y comunes a los miembros de la Orden. De que tales ideas y tradiciones existían en el Oficio tenemos abundantes pruebas. Mucho antes de 1717 ya oímos insinuaciones sobre «la Parte del Maestro», y esas alusiones aumentan a medida que el oficio de Maestro de la Obra pierde su aspecto práctico tras el periodo de construcción de catedrales.

¿Qué era la Parte del Maestro?

Desgraciadamente no podemos discutirlo en letra impresa; pero nada es más claro que el hecho de que no tenemos que salir de la masonería misma para encontrar los materiales a partir de los cuales se desarrollaron los tres grados, tal como existen ahora.

La masonería no fue inventada; creció. Hoy despliega su verdad sabia, buena y bella en tres grados nobles e impresionantes, y ningún hombre puede recibirlos en su corazón sin ennoblecerse y enriquecerse con su dignidad y hermosura. El primero pone énfasis en aquella rectitud fundamental sin la cual un hombre no es un hombre, sino un caos de pasiones en pugna: esa purificación del corazón que es la base tanto de la vida como de la religión. El segundo pone el acento en la cultura de la mente, en el adiestramiento de sus facultades en la búsqueda del conocimiento, sin el cual el hombre permanece niño. El tercero busca iniciarnos, simbólicamente, en la vida eterna, haciéndonos vencedores sobre la muerte antes de que llegue. El primero es el Grado de la Juventud, el segundo el Grado de la Madurez, el tercero el consuelo y la conquista de la Vejez, cuando caen las sombras del atardecer y el Mundo Eterno con su aventura desconocida se acerca.

¿Qué significa, entonces, para cada uno de nosotros hoy, la «Obra Maestra»? ¿Es simplemente una costumbre curiosa transmitida por nuestros antiguos Hermanos, en la cual aprendemos cómo un Aprendiz se convertía en Maestro de su Arte? Es eso, sin duda, pero mucho más. A menos que tengamos ojos para ver un doble significado en todas partes en la masonería –una aplicación moral y una sugerencia espiritual–, vemos poco o nada. Pero si tenemos ojos para ver, siempre es parábola, alegoría, símbolo, y la Obra Maestra de antaño se convierte en emblema de aquello en lo que todo hombre trabaja, siempre y en todo lugar, lo sepa o no: su carácter, su personalidad, por la cual será probado y juzgado al final. Carácter, como indica la palabra, es algo tallado, algo trabajado a partir de la materia bruta y dura de la vida. Todo lo que hacemos, todo lo que pensamos, entra en su formación. Cada pasión, cada aspiración interviene en él. Si somos egoístas, es feo. Si somos odiosos, es monstruoso. William James llegó a decir que así como quedan los talones en el talonario de cheques para registrar la transacción cuando el cheque se arranca, así cada acto mental, cada hecho, se convierte en parte de nuestro ser y carácter. Tal realidad hace que un hombre reflexione y considere qué está construyendo con su vida, y cómo se verá al final.

Como los masones de antaño, aprendices en la escuela de la vida, trabajamos «por un denario al día». Nunca recibimos una gran suma de golpe, sino la pequeña recompensa de los deberes diarios. El erudito, el hombre de ciencia, alcanza la verdad no en un solo día, sino lentamente, poco a poco, hecho por hecho. Del mismo modo, día tras día, acto tras acto, forjamos nuestro carácter, por el cual seremos juzgados ante el Maestro de toda Buena

Obra. Con frecuencia los hombres lo arruinan tanto que deben empezar de nuevo. La mayor verdad enseñada por la religión es el perdón de Dios, que borra el pasado y da otra oportunidad. Todos hemos echado a perder suficiente material, embotado suficientes herramientas y cometido suficientes errores como para enseñarnos que la vida sin caridad es cruel y amarga.

Goethe, un gran masón, dijo que el talento puede desarrollarse en soledad, pero el carácter se forja en sociedad. Es fruto de la fraternidad. El genio puede brillar aparte y solo, como una estrella, pero la bondad es social, y se necesitan dos hombres y Dios para hacer un hermano. En el Santo Libro que yace abierto sobre nuestro altar leemos: «Ninguno de nosotros vive para sí, y ninguno muere para sí». Estamos unidos, buscando esa verdad que nadie puede aprender por otro, y que nadie puede aprender en soledad. Si los hombres malvados pueden arrastrarnos hacia abajo, los hombres buenos pueden levantarnos. Ninguno de nosotros es lo bastante fuerte como para no necesitar la compañía de hombres buenos y la consagración de grandes ideales. Aquí reside, quizá, el significado más profundo y el valor de la masonería: es una fraternidad de hombres en busca de la bondad, y entregarnos a su influencia, dejarnos atraer por su espíritu y su propósito, es ser hechos mejores que nosotros mismos.

En medio de tales influencias cada uno de nosotros está elaborando su Obra Maestra. Dios está siempre puliendo, refinando, con golpes ora tiernos, ora terribles. Ese es el sentido del dolor, de la tristeza, de la muerte. Es el cincel del Maestro tallando la piedra bruta. ¡Qué duro golpea el mazo, pero la piedra se convierte en columna, en arco, quizá en un emblema de altar! «Al que venciere, lo haré columna en el templo de mi Dios». La obra maestra de la vida, al mismo tiempo el mejor servicio al hombre y la más hermosa ofrenda a Dios, es un Carácter puro, fiel, heroico, hermoso.

> ¡Oh, los Cedros del Líbano crecen a nuestra puerta,
> y la cantera está hundida a nuestra entrada;
> y los navíos de Ofir, con oro,
> aguardan nuestra orden de mando;
> y la palabra de un Maestro Masón
> puede la casa de nuestra alma crear!
> Mientras el día tenga luz, que se use la luz,
> pues ningún hombre puede dominar la noche.
> Antes que el cordón de plata se suelte,
> o se quiebre la copa de oro,
> construyamos el Templo de Salomón
> en el verdadero Alma Masónica.

CAPÍTULO VII

EL RITO DE LA INDIGENCIA

NADA EN LA masonería es más bello en su forma ni más elocuente en su significado que el Primer Grado. Su sencillez y dignidad, su mezcla de solemnidad y sorpresa, así como la hermosura de su verdad moral, lo señalan como una pequeña obra maestra. En ninguna parte puede hallarse un llamamiento más noble a las nativas noblezas del hombre. Lo que recibimos de la masonería, como de cualquier otra cosa, depende de nuestra capacidad y de nuestra respuesta a su llamado; pero es difícil ver cómo un hombre puede recibir el Primer Grado y salir del cuarto de la Logia siendo exactamente el mismo que cuando entró en él.

¡Cuántos recuerdos nos asaltan cuando pensamos en el momento en que dimos nuestro primer paso en la masonería! Quizá habíamos sido inducidos, por las maliciosas bromas de amigos, a esperar algún tipo de juego pesado o la montura de una cabra; pero cuán distinto fue en realidad. En lugar de mera farsa descubrimos, por contraste, un ritual de fe religiosa y ley moral, una alegoría de la vida y una parábola de aquellas verdades que yacen en los fundamentos de la hombría. Ciertamente, ningún hombre puede olvidar aquella hora en la que, confusamente o con claridad, el profundo significado de la masonería comenzó lentamente a desplegarse ante su mente.

Todo el sentido de la iniciación es, por supuesto, una analogía del nacimiento, del despertar y del crecimiento del alma; de su descubrimiento del propósito de la vida y de la naturaleza del mundo en el que debe vivirse. La Logia es el mundo tal como se concebía en la antigüedad, con su superficie cuadrada y su dosel de cielo, su oscuro Norte y su radiante Oriente; su centro, un Altar de obligación y de oración. La iniciación, del mismo modo, es nuestro advenimiento desde la oscuridad de la penumbra prenatal hacia la luz de la verdad moral y de la fe espiritual, desde la soledad aislada hacia una red de fraternidades y relaciones, desde un mero orden físico hacia un orden humano y moral. La soga, por la cual podemos ser detenidos o retirados si resultamos indignos o reacios a avanzar, es semejante al cordón que une a un niño con su madre en el nacimiento. Ni se retira hasta que, por el acto de asumir las obligaciones y fraternidades de la vida moral, un nuevo vínculo invisible se teje en el corazón, uniéndonos desde entonces, por un lazo intangible, al servicio de nuestra raza en su esfuerzo moral por edificar un mundo de buena voluntad fraternal.

Tal es el sistema de filosofía moral expuesto en símbolos al que el iniciado es introducido, y bajo esta luz cada emblema, cada incidente, debe ser interpretado. Así, la masonería ofrece al hombre, en el momento en que más lo necesita –si es joven–, un noble, sabio y experimentado esquema de pensamiento y de principio moral con el cual leer el sentido del mundo y su deber en él. Ningún hombre puede esperar comprenderlo todo de una vez, ni para siempre, y es cuestionable si alguno vive lo suficiente para meditarlo por completo, pues, como todas las cosas sencillas, es profundo y maravilloso.

En la realidad del simbolismo, un hombre en el primer grado de la masonería, como en el último, acepta la condición humana, ingresa en un nuevo ambiente, con un nuevo conjunto de motivos y experiencias. En suma, asume su verdadera vocación en el mundo y jura vivir según el más alto estándar de valores.

Como todo otro incidente de la iniciación, debemos interpretar el Rito de la Indigencia a la luz de los significados más amplios de la masonería. En cierto momento de su progreso se pide a todo hombre un símbolo de determinada clase, para ser depositado en los archivos de la Logia como memorial de su iniciación. Si está «debidamente y verdaderamente preparado», descubre que le es imposible conceder la petición. Entonces, en un instante rápido y penetrante, comprende –quizá por primera vez en su vida– lo que significa para un hombre estar realmente desposeído. Por un momento solemne, en el que se entremezclan muchas emociones, se le hace sentir el desconcierto, si no la humillación, que abruma a aquel privado de las necesidades físicas de la vida, de las cuales dependen, mucho más de lo que solemos admitir, tanto el orden moral como el social. Luego, por una sorpresa tan repentina como la anterior, y de un modo jamás olvidado, se le enseña la lección de la Regla de Oro: el deber del hombre hacia su semejante en extrema necesidad. No queda al arbitrio de la imaginación, pues el iniciado es puesto realmente en el lugar del hombre que pide su ayuda, haciendo su deber más real y vívido.

A primera vista, algunos podrían pensar que la lección queda empañada por las limitaciones y condiciones que siguen; pero eso no es más que apariencia. Los masones están bajo todas las obligaciones de la humanidad, la primera de las cuales es socorrer a sus semejantes en la desesperación. Como dijo Mahoma hace mucho, el fin del mundo habrá llegado cuando el hombre no ayude al hombre. Pero estamos bajo obligaciones especiales hacia nuestros Hermanos de la Orden, tanto por el impulso de nuestros corazones como por los votos que hemos hecho. Tal principio, lejos de ser estrecho y egoísta, tiene la aprobación del apóstol Pablo en sus exhortaciones a la primera comunidad cristiana. En la Epístola a los Efesios leemos: «Así que, según tengamos oportunidad, hagamos bien a todos, y mayormente a los de la familia de la fe.» No es sino otra manera de decir que «la caridad comienza en casa», y para los masones la casa es la Logia.

Así pues, los necesitados a los que se refiere este rito, y cuyo infortunio el iniciado se compromete a aliviar según le sea posible, constituyen una clase definida y específica. No deben confundirse con quienes caen en la miseria por tendencias criminales o por innata pereza. Ese es otro problema –y muy oscuro– en cuya solución los masones también tendrán parte, con paciencia y sabiduría. No: los menesterosos a quienes este Rito nos manda socorrer son «todos los masones pobres, afligidos y dignos, sus viudas y huérfanos»; es decir, aquellos desposeídos no por culpa propia, sino por el resultado de circunstancias adversas. Son los que, por accidente, enfermedad o desastre, se han vuelto incapaces, por más dispuestos y diligentes que estuvieran, de cumplir con sus deberes. Tales son merecedores de caridad en el verdadero sentido masónico, no solo en forma de ayuda material, sino también en forma de compañía, simpatía y amor. Si se nos advierte que estemos en guardia contra impostores que quisieran usar la masonería para fines propios, donde haya necesidad real nuestro deber se limita únicamente por nuestra capacidad de ayudar, sin perjuicio para aquellos más cercanos a nosotros.

Una iglesia, si es digna del nombre, abre sus puertas a toda clase y condición de personas, tanto ricas como pobres, eruditas e ignorantes. Pero una Logia es distinta, tanto en propósito como en función. Está compuesta por hombres escogidos, seleccionados de entre muchos, y unidos para fines únicos. Ningún hombre debería ser admitido en la Orden si no está a la altura de sus exigencias –financieras, tanto como mentales y morales–, capaz de pagar sus cuotas y de hacer su parte en la obra de socorro. Y, sin embargo, ningún conjunto de hombres, por inteligentes y fuertes que sean, está exento de las vicisitudes y tragedias de la vida.

Tomemos como ejemplo a Anthony Sayer, el primer Gran Maestro de la Gran Logia de Inglaterra. Hacia el final de su vida sufrió tales reveses que llegó a ser Retejador de la Logia Old King's Arms, n° 28, y se registra que fue asistido «con cargo a la caja de esta Sociedad».

Tal infortunio, o algo peor, puede sobrevenir a cualquiera de nosotros, sin previo aviso ni recursos.

Desgracias de la índole más terrible acaecen a los hombres cada día, dejándolos abatidos e indefensos. ¡Cuántas veces hemos visto a un hombre noble y capaz, de pronto derribado en plena vida, despojado no solo de sus ahorros sino de su poder de ganar el sustento, como resultado de un golpe que ninguna previsión humana podía evitar! Allí yace, apartado de la vida activa justo cuando más se le necesitaba, y cuando más dispuesto y capaz estaba de servir. La vida, en cualquier momento, puede tornarse en un Rufián y asestarnos un golpe así, con desastres que se suceden cada vez más rápidos, hasta dejarnos a su merced. Es a tales experiencias a las que hace referencia el Rito de la Indigencia, obligándonos a prestar ayuda, tanto como individuos como en calidad de Logias; y tenemos derecho a enorgullecernos de que nuestra Orden no falle en hacer el bien. Es rica en benevolencia, y sabe cómo ocultar sus labores bajo el velo del secreto, usando su discreción para protegerse a sí misma y a aquellos a quienes socorre.

Con frecuencia estamos muy expuestos, especialmente en las Logias numerosas, o en la soledad abarrotada de las grandes ciudades, a perder el contacto personal y dejar que nuestra caridad descienda al nivel de una limosna fría y distante. Cuando esto sucede, la caridad se convierte en una mera obligación rutinaria, y ha habido Logias que han votado diez dólares para el socorro de otros y cincuenta dólares para su propio entretenimiento.

Existe un relato ruso en el que un pobre pidió ayuda a otro tan pobre como él. «Hermano, no tengo dinero para darte, pero permíteme darte mi mano», fue la respuesta. «Sí, dame tu mano, porque ese es un don más necesario que todos los demás», dijo el primero; y los dos hombres desamparados se estrecharon la mano en una necesidad y un dolor compartidos. Hubo en aquella escena más verdadera caridad que en muchas donaciones generosas hechas por mero deber o por orgullo.

En verdad, hemos vinculado tanto la caridad con la entrega de dinero que la palabra ha perdido casi por completo su verdadero significado. En su sublime himno en alabanza de la caridad, en el capítulo trece de la Primera a los Corintios, san Pablo no menciona el dinero en absoluto, salvo para decir: «Y si repartiese todos mis bienes para dar de comer a los pobres, y no tengo caridad, de nada me sirve». Lo cual implica que un hombre puede dar todo el dinero que posea y, aun así, carecer de esa gracia divina que es la Caridad.

El dinero tiene su lugar y su valor, pero no lo es todo, y mucho menos la suma de nuestro deber, y hay muchas cosas que no puede hacer. Un gran editor envió el siguiente saludo de Año Nuevo:

Con la esperanza de que en el Nuevo Año no te acontezca nada que el dinero no pueda curar. Para lo demás, la Ley y los Profetas no contienen regla mejor para la salud del alma que esta exhortación: «Espera un poco, no temas en absoluto, y ama tanto como te sea posible».

Seguramente fue un buen y sabio deseo, si lo pensamos, porque las cosas que el dinero no puede curar son los males del espíritu, la enfermedad del corazón y el dolor monótono y sombrío de esperar a quienes nunca regresan. Hay hambres que el oro no puede saciar y pérdidas cegadoras de las que no ofrece refugio. Hay momentos en que una mano puesta sobre el hombro, «de un modo fraternal», vale más que todo el dinero del mundo. Más de un joven fracasa, o comete un error grave, por falta de una mano fraterna que podría haberlo sostenido o guiado hacia un camino más sabio.

¡El Rito de la Indigencia! Sí, en verdad; pero un hombre puede tener todo el dinero que necesite y, sin embargo, estar desposeído de fe, de esperanza, de valor; y es nuestro deber compartir con él nuestra fe y nuestro valor. Para cumplir con las obligaciones de este Rito debemos dar no solo nuestro dinero, sino a nosotros mismos, como enseñó Lowell en *La visión de sir Launfal*, escribiendo en nombre de un gran Hermano que, aunque no tenía ni hogar ni dinero, hizo más bien a la humanidad que todos nosotros juntos, y que aún nos persigue como el sueño del Hombre que quisiéramos ser:

La Santa Cena se guarda en verdad
en todo cuanto compartimos con la necesidad de otro;
no en lo que damos, sino en lo que compartimos,
pues el don sin el donante es vacío;
quien se entrega a sí mismo con su limosna alimenta a tres:
a sí mismo, a su vecino hambriento y a Mí.

CAPÍTULO VIII

LA POSADA DEL FIN DE AÑO

NUESTROS ANTIGUOS HERMANOS fueron Peregrinos lo mismo que Constructores; y también nosotros lo somos. La idea de la vida como un viaje recorre todo el simbolismo de la masonería, y olvidar esa verdad es perder la mitad de su belleza. La iniciación misma es un viaje de Occidente a Oriente en busca de aquello que se perdió. La razón por la que un hombre se convierte en Maestro Masón es para poder viajar en tierras extranjeras, trabajar y recibir el salario de un Maestro.

Lo que para nosotros es simbolismo fue la vida real de los masones en tiempos antiguos. Un Aprendiz presentaba su obra maestra y, si era aprobada, era hecho Maestro y Compañero. Entonces podía tomar su caja de herramientas y viajar adonde lo llamase su labor, un francmasón –libre, es decir, distinto de un Masón de Gremio, que no podía trabajar fuera de los límites de su ciudad. Así, viajaba de Logia en Logia, de tierra en tierra, solo o en compañía de sus Hermanos, deteniéndose en posadas de cuando en cuando para descansar y reponerse.

A veces, como describe Hope en su *Ensayo sobre la arquitectura*, una Logia entera viajaba junta, como una banda de constructores peregrinos.

Al igual que nuestros Hermanos de antaño, también nosotros somos peregrinos: la vida es un viaje, el hombre un viajero, y cada una de las Siete Edades es vecina de la otra; así lo han entendido los poetas de todos los pueblos desde los tiempos más antiguos. Es un largo camino el que recorremos juntos, pero a lo largo de él hay posadas, guardadas por el Padre Tiempo, en las que podemos alojarnos por la noche, descansar y reflexionar: como la Posada del Fin de Año, a la que llegamos este mes, donde hay buena compañía y abundante conversación acerca del sentido del viaje y los incidentes del camino.

Sí, el camino serpenteante es un símbolo de la vida del hombre, fiel a la realidad. Una vez que somos conscientes de nosotros mismos como peregrinos en un viaje, las personas y los paisajes a nuestro alrededor nos revelan su sentido y su encanto. Si olvidamos que la vida es un Progreso del Peregrino, perdemos toda clave para comprenderla. Paradójicamente, cuando nos asentamos como si fuéramos ciudadanos de este mundo, el mundo mismo se convierte en enigma y en acertijo. Por la misma razón, los más grandes líderes de la humanidad son aquellos en quienes el sentido de ser peregrinos y forasteros en la tierra es más vívido. Son los extranjeros en el mundo, los viajeros manifiestos hacia una Patria Mejor, quienes más sacan de la vida, porque no intentan edificar casas de granito cuando solo tienen tiempo para levantar una tienda o alojarse en una posada.

En el aire fraternal de la Posada del Fin de Año, donde hacemos fiesta por esta noche, hay muchas felicitaciones por lo ya recorrido del camino y muchos buenos deseos para la senda que se abre delante. También abundan las quejas por los dolores y achaques, las caídas y tropiezos del trayecto. Se mezclan toda clase de creencias y filoso-fías, y no hay acuerdo acerca del sentido ni de la meta del viaje. Algunos piensan que la vida es una gran aventura; otros, que es una molestia. Muchos coinciden con el epi-tafio del poeta Gay en la Abadía de Westminster:

La vida es una burla, y todo lo muestra:
lo pensé una vez, y ahora lo sé

Pero un masón, si ha aprendido el secreto de su Arte, sa-be que la vida no es una burla, sino un gran don, «un bre-ve arrendamiento para realizar una labor inmensa». Coin-cide con un poeta más grande y más valiente que dijo:

¡Fuera la música fúnebre!
Entonad la flauta con poderosos labios;
la copa de la vida es para quien la bebe,
y no para quien apenas la sorbe.

Al final de un año viejo y al comienzo de uno nuevo, podemos ver que la vida se simplifica al saber que somos peregrinos en un mundo de peregrinos. Cuando un hombre emprende un viaje no lleva consigo todo, sino solo lo que realmente necesita. Es, en gran medida, una cuestión de discernimiento y de carga. Saber qué llevar y qué dejar es uno de los más finos artes: exige visión, juicio y sentido de valores. Una de las razones por las que la humanidad avanza tan lentamente es porque trata de cargar con demasiado, agobiándose con despojos inútiles que deberían ser abandonados. Mucho equipaje sin valor ha sido arrastrado a través de las colinas y valles de la historia, entorpeciendo el avance de la humanidad. Así ocurre también en nuestras propias vidas. Los hombres se tambalean por el camino cargando acres de tierra sobre sus espaldas, y casas y sacos de dinero. Otros arrastran viejos odios, viejos rencores, viejas envidias y desengaños, que consumen sus fuerzas en vano. Al final del año es sabio deshacer el fardo y separar lo que no necesitamos, arrojando la basura inútil por la ventana o al fuego.

¿Cuánto necesita realmente un hombre para su viaje? Si hemos de creer a la sabiduría de los siglos, las cosas que verdaderamente necesitamos son pocas, pero muy grandes. «Ahora permanecen la fe, la esperanza y el amor, estas tres; pero la mayor de ellas es el amor.» Amor fraternal, Socorro y Verdad, a los que añadamos el Valor –raíz de toda virtud y única seguridad–, ¿qué más necesitamos? En un mundo donde el camino suele estar oscuro, la senda áspera y el clima tormentoso, solo tenemos tiempo para amar y hacer el bien. El odio es la peor necedad. Después de todo, ¿qué pedimos a la vida, aquí o en la eternidad, sino permiso para amar, servir, comulgar con nuestros hermanos, con nosotros mismos, con el mundo maravilloso en que vivimos, y, desde el regazo de la tierra, alzar la mirada hacia el rostro de Dios? Ni la riqueza ni la fama pueden añadir nada que valga la pena.

La procesión humana es infinitamente interesante, compuesta de toda clase de gentes: pintorescas, fantásticas, heroicas, innobles, alegres, tristes, ridículas y patéticas; algunas marchando, otras rezagándose por el mundo. Hay Grandes Corazones que patrullan el camino, y ángeles que caminan con nosotros disfrazados –ángeles, lo sabemos, porque creen en nosotros cuando nosotros no creemos en nosotros mismos, y así nos hacen dar lo mejor de nosotros. Y hay holgazanes que rehúyen todo peligro y vagan sin propósito, como el vagabundo de un pueblo del Oeste que, cuando le preguntaron si era viajero, respondió:

Sí, rumbo al sur esta vez; quizá Memphis, si no me quedo antes. Supongo que soy lo que llamas un vagabundo, compañero; pero no soy tan malo como algunos. Llevo recorriendo el camino bastante tiempo, casi cuarenta años; pero creo que un hombre tiene derecho a vivir como quiera mientras deje a los demás tranquilos. De todos modos, me he divertido mucho. Oh, sí, podría haberme asentado, casado y criado un montón de hijos que no habría podido cuidar, como hacen tantos. Pero no lo hice. Dicen que los niños vienen del cielo, así que pensé que lo mejor era dejar que los míos permanecieran allí. Me basta con estar siempre buscándome la vida, y de vez en cuando dar algo a algún pobre diablo sin suerte. Bueno, hasta luego, compañero.

Está el que se escaquea, el vago, ocioso y a la deriva, viviendo sin objetivo ni obligación, intentando escabullirse y pasar. Pero hay vagos espirituales y truhanes morales casi tan malos, aunque no salten a los trenes ni pidan comida en la puerta trasera. Cualquiera es un holgazán si toma más de la vida de lo que aporta a ella, dejando al mundo más pobre de lo que lo encontró. Solo ha vivido aquel que, llegando a la Posada de Todos los Hombres llamada muerte, ha hecho más fácil a otros ver la verdad y obrar con rectitud.

Cuando sabemos que somos masones compañeros de viaje, en busca de una Logia, podemos interpretar mejor los males que nos sobrevienen. En un viaje hay que soportar muchas cosas que en casa serían intolerables. Nuestras desgracias, nuestras penas no son más que incidentes del camino. Nuestros deberes también están cerca. El Buen Samaritano nunca había visto al hombre a quien socorrió en el camino a Jericó. No sabía su nombre. Quizá le costara comprender su lengua. No obstante, lo llevó a la posada más próxima y pagó su sustento. Halló su deber a la vera del camino, lo cumplió y siguió adelante. Tal es la caballerosidad del camino, y si un hombre camina con fidelidad llegará a la casa de Dios.

Puesto que pasamos por aquí una sola vez, debemos hacer todo el bien que podamos, de todas las formas que podamos, a todas las personas que podamos. Surgen pensamientos de aquellos que caminaron con nosotros en otros días y ya no están. Eran nobles y veraces. Su amistad era dulce, y el viejo camino se ha vuelto más solitario desde que partieron. Hacia el final, la vida se parece a una calle de tumbas, a medida que, uno por uno, los que viajan con nosotros se duermen. Pero si caminamos por «el Camino del Corazón Amoroso» y hacemos amistad con el Gran Compañero, no perderemos el rumbo ni estaremos solos cuando lleguemos, como debemos llegar, como llegaron todos los Hermanos y Compañeros antes de nosotros, al lugar donde el viejo camino desciende al Valle de las Sombras.

Es extraño; el alma también es peregrina, y debe seguir adelante. Caminando por un breve tiempo en este vestido de barro, emprende un viaje desconocido. Una puerta se abre, y el espíritu peregrino, liberado, realiza la gran aventura allí donde no hay sendero. Pero Aquel que nos hizo Hermanos y Peregrinos aquí nos guiará allá, y Él conoce el camino. No es un rumbo ciego ni sin propósito el que sigue nuestro espíritu, sino hacia Aquel que ha puesto la Eternidad en nuestros corazones. Tales pensamientos nos visitan, tales esperanzas y fes nos confortan, reunidos en la Posada del Fin de Año, meditando sobre el sentido del camino.

Yo sigo el mío, tú sigues el tuyo;
muchos caminos recorremos,
muchos caminos y muchos días,
que en un solo fin concluyen.
Mucho yerro y su canto final,
mucho camino y mucha posada;
lejos vagar, pero solo un hogar
que todo el mundo ha de alcanzar.

Este ensayo de

Joseph Fort Newton

se terminó de compone

en las colecciones de la editorial

M A S O N I C A

en el día 22 de

septiembre

de 2025.